절대 긍정

절대긍정

" NEVER SAY NEVER "

김성환 지음

SNOWFOX

나의 경험에 비추어 볼 때

비즈니스맨으로서 성공에 가속도를 붙이는 방법은

크게 두 가지라고 생각한다.

첫째는 비즈니스맨 각자가 지녀야 할 절대 긍정의 마인드와 자세를 갖는 것이고,

둘째는 자신의 생산성을 향상시키고 여러 사람이 함께 팀워크를 이루어

시너지를 낼 수 있도록 체계화하는 시스템적 사고방식을 갖는 것이다.

/
목
차
/

저자 서문
포기하고 싶은 순간 승리는 시작된다   • 10

1장 절대 긍정 제1법칙 : 마인드

꿈을 이루려면 초심, 열심, 뒷심을 가져라

01 NEVER SAY NEVER   • 18
02 먹이를 노리는 독수리처럼 때를 기다린다   • 26
03 나만의 블루오션을 점령하라   • 32
04 과정을 견뎌라, 변화는 느리게 진행된다   • 38
05 당신의 명함은 절대 긍정   • 50

2장 절대 긍정 제2법칙 : 자기 이미지

자존심을 이길 수 있는 자신감을 준비하라

06 갑의 세일즈를 하라   • 58
07 최선을 다했다고 생각할 때 한 번 더 집중하라   • 68
08 선택과 집중의 마법을 활용하라   • 78
09 언제나 VIP를 만날 수 있도록 외모를 가꿔라   • 84
10 인테리어도 마케팅이다   • 92

3장 절대 긍정 제3법칙 : 프로페셔널

상품을 팔지 말고 고객과 연애하라

11 우리는 태어나는 순간 부모를 상대로 세일즈한다 • **98**

12 연애하기 싫으면 세일즈를 포기하라 • **104**

13 모든 고객은 금성에서 온 여자다 • **112**

14 실패에서 배우지 않으면 실패한다 • **120**

15 상품이 아니라 미래를 팔아라 • **126**

16 세일즈맨은 고객의 파트너로 진화 중 • **134**

4장 절대 긍정 제4법칙 : 가치

나를 사랑하는 자 세상이 사랑한다

17 모든 인간은 세일즈맨이다 • **142**

18 꿈꾸지 않는 자 미쳤다 • **150**

19 큰물에서 놀아라 • **156**

20 세 가지 정신적 스킬로 무장한 1인 기업가 • **162**

21 내 몸은 백만 불짜리 • **170**

22 오늘 죽을 수 있다는 생각으로 산다 • **176**

5장 절대 긍정 제5법칙 : 미래

농부의 근면성보다 농사의 법칙을 배워라

23 글로벌 넘버원을 향하여 • **186**

24 시스템이 사람을 만든다 • **194**

25 씨 뿌리고 김매고 거둔다 • **200**

에필로그

꿈을 이뤄가는 즐거움 • **208**

부록

김성환의 행복한 부자학 특강 • **215**

내가 김성환 전무를 처음 만난 것은 면접 시험장에서였다.

"제게도 명함을 한 장 주십시오." 군복 차림의 27살 저자가 내게 처음 던진 말이었다. 명함을 건네주면서 보았던 살아 있는 그의 눈빛이 마음에 들었다. 그는 입사 이후 언제나 나의 예상을 뛰어 넘는 속도로 전진해 왔다. 늘 가까이서 지켜보았던 나로서도 이 책을 보며 새삼 그의 성공을 만들어 온 힘이 무엇이고, 어떤 노력을 해왔는지 많은 것을 알게 되었다.

저자를 포함해 무언가 남다른 성취를 이룬 사람들은 예외 없이 긍정적이다. 보통 사람들이 좌절할 것 같은 순간에도 늘 꿈을 포기하지 않고, '문제가 있다면 해결책도 있다'고 믿는다. 그들은 막연한 낙관론 대신 현실의 어려움을 직시하는 냉정함과 그 현실에 맞서는 치열한 도전정신을 아울러 갖고 있다. 그것이 '긍정적인 태도를 넘어서는 절대 긍정의 진면목'일 것이다. 새로운 삶에 도전하고 싶은 분들에게 일독을 권한다.

- 김종운 MetLife Korea 前 회장

포기하고 싶은 순간
승리는 시작된다

왜 절대 긍정인가

100미터 달리기 기록을 측정하기 시작한 1912년부터 한동안 과학자와 육상 전문가들은 인간은 신체 기능의 한계로 인해 10초의 벽을 영원히 넘을 수 없다고 주장해왔다. 실제로 50년 간 아무도 '마의 10초 벽'을 돌파하지 못했다. 그런데 1968년 짐 하인즈라는 선수가 9초 95를 기록했다. 그 후에 어느 과학자가 최고 성능의 슈퍼컴퓨터에 인간의 근육, 심장, 폐활량 등 각종 관련 자료를 입력하여 계산한 결과 '인간은 제아무리 빨라도 9초 75의 기록은 깰 수 없다'는 연구 결과를 발표했다. 그러나 2007년 자메이카의 아사파 파월이란 선수가 9초 74의 신기록을 세웠다.

우리의 삶과 비즈니스도 이와 다르지 않다. 객관적인 한계라고 생각하는 것이 사실은 우리가 가진 생각의 한계인 경우가 대부분이다. 많은 사람들이 환경을 탓하며 꿈을 줄이거나 포기한다. 큰 성공이든 스스로가 원하는 행복한 삶이든 우리는 어려운 환경을 극복함으로써 성공할 수 있다. 우리가 성공하지 못하는 것은 역설적이게도 현실적인 문제나 환경 때문이 아니라 그것을 탓하며 포기해버리는 스스로의 마음 때문이다. 역경을 딛고 성공한 많은 사람들의 삶이 이를 말해준다.

심리학 연구 결과를 보면, 환경이 인간의 삶과 행복에 미치는 영향은 10퍼센트라고 한다. 그렇다면 학벌이 좋거나, 부모를 잘 만나 돈이 많거나, 주변의 환경이 나무랄 데 없이 만족스러운 사람도 스스로 누릴 수 있는 성공의 프리미엄은 단 10퍼센트에 불과한 셈이다.

나는 세일즈를 통해 비즈니스와 삶을 배우며, 사람들을 절대 긍정의 힘을 믿는 사람과 그렇지 않은 사람으로 구분하게 되었다. 불행한 환경과 시련 없이 큰 성공을 거둔 사람을 나는 알지 못한다. 나 역시 인생에서 가장 힘든 시기를 지나며 삶을 바꿀 수 있는 큰 변화의 계기를 만들 수 있었다.

깨달음을 얻을수록 성공과 실패, 행복과 불행을 가르는 결정적인 차이는 절대 긍정의 마인드를 가지고 있느냐 없느냐의 여부임을 확신하게 된다. 그 절대 긍정의 마인드를 바탕으로 성공을 움켜쥐기 위해서는 '물의 지혜'를 배워야 한다고 생각한다. 물은 섭씨 99도까지는 여전히 물로 남아 있다가 100도가 되어야 비로소 액체에서 수증기라는 눈에 보이지 않는 기체로 질적인 변화를 한다.

절대 긍정의 성공 법칙도 이와 같다. 10의 성과를 내는 사람과 그 열 배인 100의 성과를 내는 사람이 기울이는 노력의 차이는 10과 100 만큼의 차이가 아니라 98, 99와 100의 차이인 경우가 더 많다. 평범과 비범, 성공과 실패를 가르는 것은 대부분 그 마지막 1~2도만큼 한 걸음 더 밀고 나가는 사람과 그렇지 못한 사람의 차이에서 비롯된다.

성공 신화를 앞당기는 길, 세일즈

이 책은 성공의 특별한 비법서가 아니다. 나에 대한 사람들의 많은 관심은 내가 글로벌 금융 기업에서 75개월 연속 총 매출 전사 1위를 한 STAR MGA의 대표지점장이고, 나와 함께 일하는 세일즈맨들의 50퍼센트, 많을 때는 90퍼센트가 억대의 연소득을 올리게 되었다는 점에서 출발한다. 때문인지 사람들은 내게 무언가 남다른 배경이 있다고 생각하거나, 특별한 비결을 듣고 싶어 한다. 그런 시선 때문에 책을 내는 것을 오랫동안 망설였다. 나는 이 책을 통해 특별한 비법을 말하기보다는, 절대 긍정의 마인드가 나의 삶을 어떻게 바꾸었는지, 내가 어떤 상황을 거쳐 왔고 어떻게 돌파해 왔으며 그 과정에서 무엇을 깨달았는지에 대해 독자에게 충실하게 전달하고 싶었다. 가능한 한 개인적인 감상은 피하고 세일즈맨, 비즈니스맨들이 일하는데 도움이 될 메시지나 지침을 중심으로 작성했다. 아울러 이론적인 설명보다는 독자들이 느끼고 생각할 수 있도록 사례를 전달하는데 치중했다.

사실 나의 출발은 지극히 평범했다. 남다른 학벌이나 인맥도 없이, 더구나 감당하기 힘든 빚을 안고 세일즈맨으로 사회생활을 시작했으니 오히려 보통 사람보다 불리한 여건에서 시작한 셈이다. 그러나 나는 주위의 걱정에도 불구하고 스스로에 대한 믿음과 정상에 꼭 서고 싶다는 간절한 소망을 한순간도 버리지 않았다. 그 덕분에 이제 글로벌 시장을 향해 꿈과 포부를 얘기할 수 있는 최소한의 경제적인 기반을 만들게 되었다고 생각한다. 새로운 도약을 준비하면서 나는 그동안의 과정을 정리해야 할 필요성을 느끼고 있었다. 그러던 차에 일시적으로 어려운 여건에 처해 힘들어하는 사람들이나 꿈은 있되 확신하지 못하는 사람들, 그중에서도 특히 젊은이들을 보며 나의 경험이 그들에게 약간이라도 보탬이 되면 좋겠다는 생각을 조심스럽게 하게 되었다.

욕심을 조금 더 보태자면 나의 경험이 젊은 독자들에게 용기를 주고 각자 자신이 그리고 있는 성공과 행복을 향해 도전할 수 있는 힘과 자극이 될 수 있다면, 내게 그 이상의 보람은 없을 것이다.

나 역시 어렵고 힘든 시간을 극복하고 오늘의 성취를 누릴 수 있게 되기까지 많은 분들의 격려와 도움을 받았다. 책이 나올 수 있도록 따끔한 비평과 애정 어린 격려로 이끌어 준 주변의 많은 고마운 분들의 도움과 헌신적인 노고가 없었다면 이 책은 나올 수 없었을 것이다. 또한 세일즈의 세계로 나를 이끌어 준 메트라이프코리아 임직원 여러분께도 감사의 말씀을 드린다. 무엇보다 어려운 가운데서 늘 흔들리는 마음을 잡아주신 하나님께 나의 모든 영광을 바친다. 마지막으로 자신의 삶에서 세일즈를 신념으로 삼고 살아가는 사랑하는 동료 세일즈맨들에게 이 책을 바치고 싶다.

『절대 긍정』을 출간한지도 어느덧 10년이 흘렀다.

그동안 '절대 긍정'은 여전히 나의 삶에 기준이 되는 키워드였다. 내가 절대 긍정으로 어려움을 극복하고 여기까지 올 수 있었던 것처럼, 많은 이들에게도 어려운 시기를 이겨낼 수 있는 지침서가 되어 인생에 작은 도움이 될 수 있을 거라는 생각에 재발행을 결심하게 되었다. 다시 한 번 이 책이 독자 여러분께, 지속적인 단단한 변화를 통해 성숙해 나아가는 건강한 삶을 이루는데 도움이 되길 바란다.

2018년 7월 김성환

1

절대 긍정 제1법칙 ● 마인드

꿈을 이루려면
초심, 열심, 뒷심을
가져라

1

NEVER SAY NEVER

•

성공하려면 초심, 열심, 뒷심이라는 3심(心)이 필요하다. 시간이 지나도 처음에 가졌던 각오와 자신감을 잃지 않는 초심, 도전하는 불굴의 정신을 끈기 있게 유지하는 열심, 일을 확실하게 마무리하여 성과를 최대화하는 뒷심이 바로 그것이다. 이 세 가지 마음을 지속적으로 유지하는 에너지는 무엇보다도 절대 긍정의 마인드에서 나온다. 정신력은 강인한 기초 체력에서 나온다는 히딩크 감독의 말처럼 정상을 향해 전진하는 힘은 절대 긍정이란 기초 체력이 바탕에 있어야 한다. 모든 성공한 비즈니스맨들은 철학과 방법은 달라도 한 가지 공통점을 가지고 있다. 이들은 보통 사람들이라면 포기할 것 같은 순간에도 굴하지 않는 절대 긍정의 마인드를 예외 없이 가지고 있다.

어떤 나그네가 교회를 짓는 현장을 지나다 그 곳에서 일하는 두 사람에게 물었다. "무슨 일 하세요?" 한 인부가 말하길 "보면 모르겠소? 벽돌 쌓고 있소이다." 옆에 있던 다른 사람은 "하나님을 모실 성전을 짓고 있다오."라고 답했다. 이야기 속 나그네는 사실 천사였고, 몇 년 후 두 사람의 인생은 그들이 한 말만큼 달라졌다. 이처럼 똑같은 환경에서 같은 일을 해도 '할 수 없다'는 부정적인 생각을 절대하지 않는 긍정적인 사람은 지뢰밭을 걸어도 산책길 걷듯 갈 수 있지만, 부정적인 사람은 오솔길을 걸어도 지뢰밭을 걷는 듯 늘 곤경과 실패의 수렁을 헤매게 된다.

깎사와 헤어 디자이너의 차이

"마흔다섯이 넘으면 이놈의 깎사 노릇 때려치우고 말 테다."

삼십 대 중반의 이발사는 위와 같은 말을 항상 입버릇처럼 하곤 했다. 그는 훌륭한 기술을 갖고 있었지만 자신의 직업에 긍지가 없었다. 10년이라는 세월이 흘러 그는 어느덧 마흔다섯이 되었는데, 그해 불행히도 교통사고를 당했다. 생명에는 지장이 없었으나 오른팔에 심각한 부상을 입었다. 치료가 끝난 후에도 예전처럼 자유롭게 팔을 쓸 수 없었고, 결국 이발사 노릇을 그만두어야 했다. 평소에 입버릇처럼 하던 말 그대로 된 것이다. 다른 기술이 없었던 그의 생활은 이발사였을 때에 비해 몹시 궁핍해졌다. 그저 즐기던 술도 사고 후에는 절대적으로 의존하게 되었다.

말이 무서운 까닭은 우리가 하는 말대로 삶이 흘러가기 때문이다. 그는 자신의 말 때문에 실패한 것이나 다름없다. 그가 10년 이상 입에 달고 살 말은 "깎사 노릇 때려치우겠다"가 아니라, "최고의 헤어 디자이너가 되겠다" 혹은 "최고의 헤어숍을 운영하겠다"는 말이었어야 했다. 그는 절대 긍정의 힘으로 유명 헤어 디자이너가 될 수도 있었으나 부정적인 마인드 때문에 깎사로 살았고, 결국에는 그 직업도 유지할 수 없게 되었다.

내가 맡고 있는 지점에는 서울대나 카이스트처럼 명문으로 꼽히는 학교 출신들이 적지 않다. 변호사 자격을 가진 이가 세일즈에 지원하여 적잖게 놀란 적도 있다. 그러나 아무리 명문대를 나온 엘리트라도 부정적인 마인드를 가진 사람은 반갑지 않다. 학벌보다 중요한 것은 마인드이다. 지식이 많은 사람은 지혜로운 사람을 이길 수 없고 지혜로운 사람은 긍정적인 사람을 이길 수 없다.

"대표님, 저 그만 두겠습니다."

실적에서 전국 상위권을 달리던 한 에이전트가 어느 날 내게 말했다. 그가 떠나겠다고 했을 때 붙잡지 않은 것은 나 역시 그를 떠나보내고 싶었기 때문이었다. 함께 일하는 사람이 어떤 성격인가 하는 문제는 다른 구성원들에게도 매우 중요하게 작용한다. 불평불만이 많거나 비관적인 사람과는 같이 일하기 어려운 법이다. 보통 그런 사람은 말만 무성하고 되는 일은 없다. 그만두겠다고 말한 에이전트는 능력이 있지만 비관적이었으며 부정적인 사람이었다. 긍정적인 마인드를 토대로 하지 않는 능력은 오래 가지 못한다. 이것은 확고한 나의 신념이며, 경험을 통해서도 여러 번 검증했다.

"이대로 가다가는 적어도 스무 명은 이곳을 떠날 겁니다."

언젠가 한 에이전트가 이렇게 말했다. 용기 있는 고언은 고마웠지만 항로를 변경하지는 않았다. 요즘은 이직이 과거보다 자유롭다. 때문에 때때로 퇴사 의사를 밝히는 직원이 생긴다. 해당 에이전트들이 떠나면 매니저들은 슬럼프를 겪게 마련이다. 그러나 마음이 떠난 사람을 붙잡고 있을 수는 없다. 그런 사람은 붙잡는다 해도 시간문제일 뿐 언젠가는 떠날 가능성이 높다. 그것이 나의 생각이다. 사람을 중요하게 여기지 않아서가 아니다. 내게 있어 가장 중요한 것은 사람이다. 그렇기 때문에 더더욱 부정적인 사람은 가려야 한다고 생각한다.

자주 옮겨 심는 나무는 뿌리를 깊이 내리지 못한다. 마찬가지로 자주 옮겨 다니는 사람은 자기 가치를 높일 수 없다. 이곳에서 부정적인 사람은 다른 곳에 가서도 부정적일 수밖에 없기 때문이다. 자신의 현재 처지에 불만을 가지는 사람은 다른 자리에서도 쉽게 만족하지 못한다. 그리고 자기 일에 긍정적이지 못한 사람은 결코 성공할 수 없다. 승자란 마지막에 정상에 서서 웃는 사람이라고 믿는다. 그래서 자산을 불리는 재테크보다 몸값을 높이는 '몸테크'가 더 중요한 것이다.

절대 긍정은 세일즈맨의 기초 체력

지금도 사원을 뽑을 때 내가 생각하는 가장 큰 기준은 긍정적인 사고방식의 유무를 따지는 일이다. 예를 들어, 농구선수를 보면 레이업 슛이나 덩크 슛, 거기에 3점 슛까지 잘 쏘는 선수가 있다. 그런데 슛은 잘 쏘는데 경기 시작 5분 후에 지쳐 쓰러진다면, 그런 선수를 뽑을 스카우트는 없을 것이다. 내가 원하는 선수는 경기를 끝까지, 때로는 연장전까

지도 뛸 수 있는 능력을 가진 선수이다. 때문에 나는 '절대 긍정'이 세일
즈맨의 기초 체력이라고 굳게 믿고 있다.

긍정적인 사람은 창의적이다. 부정적인 사람은 틀에 박힌 사고를 한
다. 긍정적인 사고방식이란 열려 있는 마음이다. 반면 부정적인 사고는
새로운 발상을 저해한다. 안 된다는 생각에서는 어떤 아이디어도 나올
수 없다. 하지만 된다고 생각하면 뭐든지 된다. 긍정적인 사람은 우주선
을 타고 달나라에 갈 수도 있고, 지구 반대편의 친구와 얼굴을 보며 이야
기를 할 수도 있다.

부정적인 사람의 마인드는 낮은 곳에 머물러 있어서 더 높이 더 멀
리 보지 못한다. 부정하면 모든 일이 불가능하고 긍정하면 모든 일이 가
능해진다. 긍정적인 사람은 지뢰밭을 걸어도 산책길을 걷는 것 같지만
부정적인 사람은 산책길을 걸어도 지뢰밭을 걷는 이유는 여기에 있다.

말은 그 사람의 생각을 만든다. 말이 원인이고 생각이 그 결과로 형
성된다. 태도가 행동을 이끄는 게 아니라 행동으로 인해 태도가 결정되
는 것이다. 이와 관련하여 다음과 같은 연구가 있다.

지루하고 무의미한 작업을 시키고 난 뒤, 한 그룹에는 대가를 지급
하고 다른 한 그룹에는 아무런 보상도 해주지 않았다. 그러고 나서 작업
이 재미있었는지 물었다. 두 그룹의 대답은 판이했다. 돈을 받은 그룹은
지루했다고 말했고, 돈을 받지 않은 그룹은 재미있었다고 대답했다. 왜
후자의 그룹은 앞의 그룹과 심리적으로 다른 태도를 보였을까? 그들은

대가도 없이 무의미한 작업을 했다는 사실을 인정하기 싫었던 것이다. 행동은 태도를 바꾼다. 이를 증명하는 심리학의 연구 결과는 이 외에도 아주 많다.

말도 마찬가지다. 우리의 말이 우리의 생각을 결정한다. 그래서 나는 안 된다는 말을 하지 않는다. 늘 잘 된다고 말한다. 그렇게 말하는 순간 잘될 거라는 믿음이 생긴다. 잘할 수 있다는 자신감이 생긴다. 그리고 실제로도 거짓말처럼 일이 잘 풀린다. 나는 이 세상에 안 되는 일은 없다고 생각한다. 단지 하지 않는 일이 있을 뿐이다.

말의 힘은 섬뜩하도록 경이롭다. "못난 놈"이라는 소리를 듣고 자란 아이는 실제로 부족한 인간이 될 가능성이 높다. 반면 "널 믿는다"는 격려의 말을 들으며 자란 아이는 책임감 있는 성인이 된다. 나는 생산성이 낮아 고전하고 있는 에이전트에게 "그 점 때문에 당신은 힘들 것"이라고 말하지 않는다. 대신 "그 점만 고치면 성공할 것"이라고 얘기한다. 같은 말이라도 부정적으로 표현하지 않는 것이 중요하다. 다른 사람에게도 내 앞에서는 부정적인 말을 하지 말라고 요구한다. 부정적인 단어를 사용하면 말하는 사람이나 듣는 사람이나 패배감에 휩싸이고 무기력해지기 때문이다. 반면 긍정적인 말은 기운이 솟아나게 한다.

성공하는 사람들은 예외 없이 '절대 긍정'이라는 특징을 가지고 있다. 성공을 부정하는 자가 어떻게 성공할 수 있을까? 스스로 성공할 수 없다고 믿는데 누가 그의 성공을 도울 수 있을까? 부정적인 사람한테는

귀인도 다가오지 않는다. 절대 긍정의 힘을 발휘할 때 좋은 사람들이 따르고 많은 기회가 찾아온다. 단순한 긍정적 마인드를 넘어 어떤 난관에서도 포기하지 않는 절대 긍정의 소유자에게는 기적적인 에너지가 생성된다. 스스로를 긍정하고, 삶을 긍정하고, 또 성공을 긍정해야 한다. 깎사로 살 것인가, 유명 헤어 디자이너로 거듭날 것인가는 자신의 마음속에 절대 긍정의 마인드가 있는가, 없는가에 의해 결정된다. "NEVER SAY NEVER" 할 수 없다는 말을 절대 하지 않는 것, 이것이 세일즈맨의 절대 덕목이다. 이것이 그동안 내가 오랜 시간 일하며 배운 귀중한 지혜이다.

쉬운 일을 어려운 일처럼, 어려운 일을 쉬운 일처럼 대하라. 전자는 자신감이 잠들지 않게, 후자는 자신감을 잃지 않기 위함이다. — 발타사르 그라시안

2

먹이를 노리는 독수리처럼 때를 기다린다

●

절대 긍정이 성공의 기본 원리라면, 그것을 구체적인 성과로 연결시킬 수 있는 성공 법칙은 '대수의 법칙(Law of Great Numbers)'이다. 주사위를 한번 던질 때보다 연속해서 여러 번 던질수록 6이 나오는 비율은 점점 더 1/6에 가까워진다. 이것이 바로 대수의 법칙이다. 세일즈는 성공보다 실패가 더 많은 직업이다. 즉, 많이 시도해야 좋은 성과를 얻을 수 있다. 옛날에는 버스를 타고 한강을 지날 때 강물에 뛰어들고 싶은 충동을 세 번은 경험하고 이겨내야 비로소 프로가 될 수 있다고 했다. 대수의 법칙을 내 것으로 만들기가 쉽지 않음을 비유하는 말이다.

진짜 열심히 발품을 팔고 셀 수 없이 여러 번 시도했는데도 계약이 성사되지 않을 때가 있다. 절대 긍정과 대수의 법칙은 남이 이뤄놓은 것을 돌아보며 얘기하면 멋있어 보이지만, 정작 자신이 그 한복판에서 헤매고 있을 때는, '나만 예외구나'라는 생각이 들기 마련이다. 이처럼 상대적으로 일이 안 풀리는 시간이 길어지면 누구나 슬럼프에 빠지게 된다. 이런 상황에 닥쳤을 때, 두 가지 해결책 중에 한 가지를 과감하게 선택하는 사람이 바로 프로다. 자신의 세일즈 스킬을 점검해서 업그레이드해야 할지, 먹이를 노리는 독수리처럼 때를 기다리며 될 때까지 대수의 법칙을 일관성 있게 밀고 나갈지 분명히 선택해야 한다.

절대 긍정과 대수의 법칙

병원에서 의사와 상담을 할 때였다. 의사의 배려로 한창 설명을 하고 있는데, 문득 잠시 열린 문 사이로 밖에서 대기 중인 환자들이 보였다. 진찰실에 들어설 때만해도 대기자가 아무도 없었지만 어느새 기다리는 환자들이 생긴 것이다. 그 시간은 내게도 중요한 시간이었지만, 나는 그 순간 바로 하던 설명을 멈췄다.

"바깥에 환자가 많이 계시는군요. 급한 환자도 있을 수 있으니 나중에 다시 오겠습니다."

의사는 괜찮다는 표정이 역력했으나 나는 망설이지 않고 진찰실에서 나왔다. 물론 제 가방은 진찰실 안에 놓아두었다. 우선순위를 다른 환자에게 양보함으로써 의사에게 믿음을 얻을 수 있었다. 일례지만 이런 작은 배려를 통해 상대방의 신뢰를 얻는 것도 중요한 비즈니스 스킬이다.

종종 무슨 이야기를 해도 상담 중인 고객으로부터 전혀 반응이 없을 때가 있다. 이럴 경우 자신이 갖고 있는 무기란 무기는 다 사용해봐야 한다. 자신의 유머, 제스처, 말투, 옷차림에 이르기까지 외향적 상황을 점검할 필요가 있다. 그리고 내용적으로도 내가 제시할 수 있는 다양한 상품과 서비스를 하나하나 고객의 입장에 맞추어 제시하다 보면 어느 순간 상대의 눈빛이 변할 때가 있다.

세일즈는 '브라운 운동'이다. 물에다 잉크를 떨어뜨리면, 잉크는 원하는 방향으로만 번지는 것이 아니라 카오스적 운동을 하며 예측 불허의 방향으로 퍼진다. 때문에 집중력을 발휘해도 성사가 안 되는 경우가 많은 것이다. 열심히 해도 잘 안 될 때, 포기하지 않고 좌충우돌하다 보면 성공의 고리가 걸리는 경우도 있다.

수영장에서 실수로 다이아몬드 반지를 빠뜨렸다고 가정해 보자. 수영장에 들어가 다이아몬드를 찾을 때 한 번만 시도하는 것과 10번, 100번을 들어가 찾아보는 것과는 근본적으로 차이가 있다. 또한 우연이라고 생각한 성공과 실패가 사실은 우연이 아니었다는 것을 깨달은 경험이 있을 것이다.

A지역에 가서 3개월 동안 부지런히 쫓아다녔는데 전혀 성과가 없었던 적이 있다. 그런데 B지역으로 옮겨서 같은 방법으로 영업을 했더니 기대하지 않았던 좋은 결과가 도출되는 경우가 있었다. 처음에는 애초에 B지역을 공략했더라면 고생할 필요가 없었겠다고 생각할 수도 있지만, 이후 좀 더 다양한 경험을 쌓은 나는 한 가지 중요한 사실을 깨달았다. A지역에서의 실패가 없었다면, 그 교훈이 없었더라면 훗날 B지역에서의 성공은 얻기 힘들었을 거라는 것이다.

세일즈맨은 매 순간 각기 다른 히스토리를 가지고 있는 다양한 성향의 사람들을 상대한다. 그렇지만 이때 체험하는 모든 경험은 나 자신에게 그 자체로 막강한 자산이 된다. 결국 세일즈의 중요 요소는 스킬의 업그레이드가 아니라 그 스킬을 사용하는 사람의 '경험의 폭'을 넓히는 것에 있다. 이 점이 슬럼프를 탈출하는 실마리를 제공해 주기도 한다. 각기 다른 개성을 가진 사람에 대한 이해와 그에 맞는 접근 방법을 개발하는 등 사람에 대한 절대 긍정이 슬럼프를 극복하는 열쇠가 되는 경우가 많다.

프로골퍼 박세리는 명예의 전당에 올라서기까지 그곳에 먼저 올라간 선배들에게 많은 조언을 구했다고 한다. 스스로의 문제점을 쉽게 찾을 수 없다면 주변에 있는 사람들에게 도움을 요청하는 것도 용기 있는 행동이다. 이때 선배들의 조언이 도움이 되는 경우도 많지만, 오히려 독이 될 때도 있다. 방법적인 측면에서 자신의 장점이나 능력이 타인의 영향으로 무너지거나 혼란이 올 수도 있기 때문이다. 저마다 일하는 방식이 다르기 때문에 조언을 받아들이는 일이 그리 간단하지만은 않다. 그럴 때는 최대한 욕심을 버리고 아주 쉽고 사소한 계약부터 성사시켜서 의욕을 높여야 한다.

63빌딩에서 떨어져도 살아남는 법

절대 긍정과 대수의 법칙, 두 쌍둥이만 믿고 줄기차게 노력했으나 그래도 성과가 없고, 슬럼프가 지속된다면 어찌 해야 할까? 마냥 기다려야 할까, 아니면 포기하고 새로운 기회를 발굴하러 나서야 할까?

한 연구 결과, 고양이는 63빌딩에서 떨어져도 죽지 않는다고 한다. 실험에 참여한 고양이 한 마리는 이빨 하나가 부러지고 목에 가벼운 찰과상을 입었지만 빌딩에서 뛰어내리는데 성공했다고 한다. 반면 고양이는 7층보다 낮은 데서 떨어지면 죽는다는 이야기도 있다. 왜 그럴까?

고양이는 땅에 가까워질 때까지 공처럼 몸의 부피를 최대한 줄였다가 7층 정도의 높이에서 온몸을 펼친다고 한다. 그러면 몸을 펼친 만큼 마찰력이 증가하여 낙하산 효과가 일어난다. 때문에 고양이는 땅에 가까워질 때까지 충분히 기다린다. 세일즈맨의 경우도 마찬가지로 생각해 볼 수 있다. 지금 당장 추락하고 있다고 해서 온몸을 펼치고 당황해서는 안 된다. 떨어지는 속도에 따라 몸과 마음을 움츠려 적당한 지점에 다다를 때까지 기다려야 한다.

유능한 사람들을 보면 저마다 슬럼프 탈출법을 가지고 있다. 어떤 이는 성공한 사람들의 강의를 듣는다고 한다. 그러나 강의자가 별 어려움 없이 성공했다는 이야기를 하면 별다른 감흥이 생기지 않는다고 얘기한다. 결코 평탄하지 않은 삶, 지독한 어려움을 이겨낸 후에 거둔 성공에 특히 더 공감이 간다는 것이다. 어떤 이는 도서관을 찾는다고 한다. 머리도 식힐 겸 이 책 저 책을 살펴본다는 것인데 주변을 둘러보면 대부분 구직자라고 한다. 직업을 구하려고 도서관에서 공부에 몰두하는 사람들을 보면 묘한 기분이 든다고 한다. 그 사람들을 보면 자신이 예전에 구직을 하려던 때가 떠오르고 마음에 위로를 받는다고 한다.

세일즈맨은 비즈니스를 잘하기 위해 능력치를 키우는 것만큼이나, 슬럼프를 탈출하는 방법을 열심히 개발해야 한다. 제 아무리 좋은 방법론이 있다고 하더라도 자신에게 꼭 맞는 탈출법을 개발해야 한다.

그러나 냉정히 얘기하자면, 생각보다 성과가 나오지 않는다는 것은 쉬운 방법만 고수하기 때문일 수 있다. 더 냉엄하게 말하자면, 결국 만날 사람이 없다는 사실이 힘든 것은 아닌지 스스로 점검해야 한다. 지인을 통해, 소개를 통해 세일즈를 하는 것은 어느 순간 자원이 고갈되듯 한계를 드러내기 마련이다. 처음 세일즈를 시작하는 사람들은 주로 지인들을 만나기 때문에 거절당하는 경우가 많지 않다. 그런데도 잠깐 드러나는 결과 때문에 자만하고, 그 추세가 앞으로도 지속될 것으로 믿곤 한다. 새로운 만남을 염두에 두고 지속적으로 개척을 위한 활동을 해야 하는데 호의적인 사람만 만나다 보니 금방 한계에 부딪친다. 아무런 이유 없이 슬럼프에 빠지진 않는다. 나는 슬럼프를 겪으며 새로운 기회를 모색했고, 준비를 끝낸 후에는 개척을 위해 제주도로 가겠다는 결심을 했다.

3
나만의 블루오션을 점령하라

●

블루오션을 발견하기 위해서는 누구나 생각할 수 있는 상식을 넘어서는 상상력이 필요하다. 나는 직업 군인이었기 때문에 사회적 네트워크가 취약할 수밖에 없었다. 나만의 돌파 전략을 찾아야 했다. 이때 튼튼한 인맥을 가진 남들을 부러워하며 수세적으로 접근했다면 결코 승리할 수 없었을 것이다. 자신의 꿈과 능력에 대한 절대적인 자신감을 가지고 역전의 기회로 만들겠다는 결단과 절대 긍정의 전략이 필요하다.

나는 세 가지 조건을 기준으로 전략을 짰다. 첫째, 시장성이 충분할 것. 둘째, 내가 확실한 독점적 지위 내지는 경쟁우위를 점할 수 있을 것. 셋째, 남들이 하지 않은 방식으로 시장을 개척함으로써 개인적 성취감도 맛볼 수 있을 것.

나만의 세 가지 기준을 통해 선택한 대상은 제주도 지역의 의사들이었다. 제주도 행을 통해 나는 과감한 목표를 선택할수록 더 많은 것을 얻을 수 있음을 알게 되었다. 보다 더 많은 시간과 에너지를 들여 준비해야 하고, 주위의 반대와 실행 과정에서 겪는 시행착오가 주는 압박감을 이겨낼 수 있는 결단력과 용기를 가져야 했기에 성공의 밑바탕에 필요한 조건들을 아울러 배울 수 있었다.

2000년 여름, 나는 서울을 떠나 제주도로 향했다. 더 이상 서울에서 지인을 상대로 하는 영업에 한계를 느꼈기 때문이다. 내가 생각한 답은 새로운 가망고객 발굴뿐이었다. 제주도로 내려가겠다는 결정을 내리자 주변의 만류가 심했다. 대부분의 사람들이 계속해 오던(소개를 통한) 영업의 틀을 깨는 발상이었기 때문에 더욱 그러했다. 낯선 땅에서 가망고객 발굴이 어디 가능하겠냐는 지적과 부정적인 시선이 내게 돌아왔다. 하지만 나의 생각은 달랐다. 내 결정의 바탕에는 구체적이고 명확한 그림이 있었다. 무턱대고 제주도 행을 결심한 것이 아니라 시간과 노력을 들여 조사하고 연구한 결론이 있기 때문에 가능한 베팅이었다.

나는 제주도의 '의사 고객'들을 타깃으로 삼았다. 그들에게 최상의 서비스를 제공하면 의사 집단을 모두 나의 고객 명단에 올릴 수 있을 것 같았다. 자신감이 솟았다. 이런 나를 두고 허황되고 실현 불가능한 목표를 삼았다고 말하는 사람들도 있었다. 그럴수록 오히려 나는 내가 정한 목표에 대한 집중력이 강해지는 것을 느꼈다. 나는 내가 세운 목표가 크고 분명한 비전을 가지고 있다는 확신을 가지고 있었기 때문이었다.

제주도는 아름다운 곳이었지만 섬 지역 특유의 배타적인 성향이 있었다. 사람들은 육지 사람을 좋아하지 않는 편이었고, 서울에서 온 세일즈맨인 나는 그들의 경계의 대상일 수밖에 없었다. 그런 시선에도 나는 무작정 병원을 찾아 다녔다. '의사'를 타깃으로 삼았지만 사실 구체적인 가망고객 DB를 가지고 있지는 못했던 것이다.

동료들과 함께 요구르트를 사 들고 어느 산부인과를 찾은 첫날, K원장은 사촌이 B생명에 다닌다는 이유로 거절의 의사를 밝혔다. 나는 승부욕이 발동했고, 포기 하지 않고 끝까지 해보자는 마음을 먹었다.

나는 다음날에도 그 산부인과를 찾았다. 아이스크림을 사 들고 찾아갔지만 특별한 성과 없이 병원을 나올 수밖에 없었다. 그 다음날도 병원에 갔지만 역시 소득을 얻을 수는 없었다. 그렇게 찾아가고 거절당하기를 여덟 번, 같이 다니던 동료도 지쳐버렸다. 나도 힘이 들긴 마찬가지였다. 활활 타오르던 의욕도 여덟 번의 거절 앞에서 점점 수그러들 수밖에 없었다. 그래도 결코 포기하고 싶지는 않았다. 제주도에 와서 아직 한 건의 실적도 올리지 못했기 때문에 물러설 여유도 없었다. 힘들 때마다 "피할 수 없으면 즐겨라"라는 좋아하는 격언을 떠올리며 미소 지었다. 주위에 도와주고 격려해 주는 사람이 없었기에 스스로 추스르지 않으면 안 되었다. 억지로라도 기운을 내야 했다.

아홉 번째부터는 혼자 K원장을 찾아갔다. 그렇게 열한 번째 방문한 날 마침내 K원장이 계약서에 사인을 했다. 월 3만 8천 원. 큰 계약은 아니었지만 그 동안의 모든 수고를 보상하고도 남을 가치를 지닌 계약이었다. 그리고 K원장이 웃으며 내게 말했다.

"김성환 씨, 당신 마음에 들어요. 젊은 사람이 얼굴 한 번 안 찌푸리고 매일 오는데 싫지가 않더라고. 웃는 얼굴이 유쾌했어요."

계약을 하고 나자 K원장은 동료 의사들 여러 명을 소개해 주었고,

그들에게서 바로 계약을 따낼 수 있었다. 제주도라는 낯선 땅에 와서 말 그대로 입에서 단내가 날 정도로 힘들게 뛴 보람을 느낄 수 있었다. 더욱이 초반에 세운 목표와 계획에 대한 확신을 검증할 수 있었다는 것이 큰 수확이었다.

K원장의 계약을 시작으로 연달아 여러 건의 계약을 성사시킨 이후에도 안주하지 않고 계속 뛰어다녔다. 제주도의 모든 병원 명단을 작성했다. 그렇게 전체를 파악하고 지역에 따라 세분화했다. 지도를 이용해 가장 짧은 동선을 짜고 필요한 업무 프로세스를 만들었다. 덕분에 처음에는 하루에 다섯 군데의 병원을 방문하는 게 고작이었지만, 두어 달 후에는 하루에 스무 군데의 병원을 방문할 수 있었다.

하루는 아무 성과 없이 호텔로 돌아온 날이었다. 사우나에서 피로를 풀고 있을 때, 낮에 거절당했던 한의원의 P원장을 그곳에서 우연히 만났다. 사우나라는 장소의 특성상 모른 체하는 것이 더 편했지만, 먼저 다가가 인사를 건넸다. 그리고 '누구시더라'하는 표정으로 말없이 쳐다보는 그에게 낮의 일을 상기시켰다. 그러면서 슬며시 옆에 앉아 낮에 미처 설명하지 못한 내용을 자연스럽게 꺼냈다. 그의 태도는 한의원에서와는 사뭇 달랐다. 사우나에서 알몸으로 만난 사이여서일까. 그는 훨씬 호의적이고 수용적이었다. 제안한 상품에도 관심을 보였다. 마침내 그가 고개를 끄덕였다.

"알았소, 여기까지 와서 노력하는 게 마음에 들었어요. 계약합시다."

그간 성사된 계약이 없어 마음이 무겁던 차에 그만한 낭보가 없었다. 사우나를 나올 때, 그날의 피로는 깨끗이 사라져버린 후였다.

그뿐만 아니라 이후 P원장과는 호형호제 하는 사이가 되었다. 지금도 그에게서 호출이 오면 반가운 마음으로 한달음에 날아가 제주도에 있는 그를 만나곤 한다.

제주도는 나를 부쩍 성장시켜준 곳이다. 그곳에서 나는 이전보다 더 큰 목표를 세우게 되었고, 의사 고객의 특성도 파악할 수 있었다. 그들은 남보다 일찍 은퇴해 여유로운 노후를 즐기고 싶어 했지만 의외로 노후 대책이 미비한 상태였다. 때문에 은퇴 후의 삶에 포커스를 맞춰 재정을 설계해 주었고, 이런 제주도 공략은 성공적이었다. 1년이 지났을 때, 확보한 의사 고객만 100여 명이 넘었다.

가망고객 발굴이라는 단순하지만 명확한 그림을 가지고 찾은 제주도에서 주어진 시간 내에 최대한 효율적으로 일하는 노하우를 터득하게 된 것이다. 나는 지금도 아주 구체적이고 세부적으로 작성한 가망고객 DB를 가지고 있다. 큰 카테고리를 잡은 뒤 그 안에서 세부적으로 분류해 나가면 좋다. 지금 살고 있는 동네 · 관심사 · 구체적인 프로필까지 기재되어 있는 치밀한 DB는 '가망고객'을 '실제 계약 고객'으로 만드는데 중요한 수단이 된다.

나는 제주도에 있을 때 생긴 '습관'이 있다. 종합병원을 방문할 때면 의사들의 근무 요일을 미리 파악해 헛걸음하지 않도록 했다. 모든 병원의 점심시간과 진료 마감 시간을 정확히 확인했다. 방문하기 전에는 일일이 손으로 편지를 썼고, 봉투 안에 복권을 함께 넣어 병원으로 부치기도 했다. 또한 방문하고 돌아와서는 반드시 전화를 걸었다. 간호사를 잘 사귀어놓는 수완도 필요하다. 시스템이 만들어지면 그에 따르기만 하면 된다. 시간도 에너지도 훨씬 적게 들면서 더 많이 움직일 수 있다.

고인 물은 썩기 마련이다. 때문에 나는 정체되지 않으려 항상 뛰어다닌다. 또 생각 후 지체 없이 바로 실행한다. 가만히 앉아서는 무엇 하나 성공할 수 없다. 열심히 뛰어다니는 가운데 다양한 정보가 모아지고 큰 계약으로 돌아온다. 변화는 느리게 진행되기 때문에 과정을 견뎌야 한다.

4

과정을 견뎌라, 변화는 느리게 진행된다

•

성공은 도적처럼 어느 순간 갑자기 찾아오지 않는다. 스스로를 바꾸고 변화된 상황에 적응하는 길고 힘든 과정을 거치지 않고 성공한 사람은 없다. 자연에서 나비의 알이 비와 바람과 천적을 이겨내고 아름다운 나비가 되는 확률은 2~3퍼센트에 불과하다. 그 길고 어려운 시간을 이겨내려면, 자신이 세운 목표가 실행 가능할 만큼 매우 구체적이어야 한다.

1953년 미국의 예일대 졸업생을 대상으로 목표를 자유롭게 쓰도록 했더니, 그중 3퍼센트만이 자기 목표를 구체적으로 서술했다. 22년 후인 1975년에 조사해 보니, 그 3퍼센트의 학생들은 나머지 97퍼센트의 학생들을 모두 합친 것보다 더 많은 목표를 달성했다.

목표를 이루기 위해서는 남들과는 다른 새로운 생각과 발상을 할 줄 아는 상상력이 필요하다. 또한 그것을 과감하게 밀고 나갈 수 있는 용기도 필요하다. 지인의 소개에 의한 영업이 주류를 이루던 생명보험 환경에서 불특정 다수를 향한 세미나 영업을 보험 세일즈의 새로운 대안으로 찾아낸 것은 나에게 무엇과도 바꿀 수 없는 소중한 경험이었다. 다들 불가능하다고 했지만, 내게는 목표를 이루기 위한 새로운 돌파구가 필요했기 때문에 최선을 다해 준비하고 과감히 시도했다. 결과적으로 목표 달성을 통해 성공의 쾌감을 얻을 수 있었고, 나 스스로도 크게 성장할 수 있었다.

신라호텔에 도착한 나는 문 앞에서 잠시 망설였다. 하지만 호랑이를 잡으려면 호랑이 굴에 들어가는 것이 상책이었다. 다른 방안은 없었다. 호랑이가 밖으로 나오지 않는다면 결국 직접 굴속으로 들어가는 수밖에 없었다. 호흡을 가다듬으며 호텔 로비를 향해 걸음을 옮겼다.

전국 1, 2위의 높은 실적을 유지하는 중에도 어떻게 하면 생산성을 더 높일 수 있을까하는 나의 고민은 깊어만 갔다. 무엇보다 인적 네트워크를 확장하는 일이 중요하다고 생각했고, 그러자면 인맥을 넓히는 데 주력해야만 했다.

나는 한 번 인연을 맺은 고객과는 지속적인 관계를 유지하기 위해 노력한다. 그 과정에서 다양한 정보를 얻고 새로운 인맥을 형성할 수 있었다. 동시에 내가 고객을 통해 정보와 인맥을 얻는 것처럼 고객도 나를 통해 필요한 것을 얻을 수 있도록 힘썼다. 이를테면 소송을 앞둔 의사에게는 유능한 변호사를 소개했고, 치료가 필요한 변호사에게는 훌륭한 의사를 소개하는 식이었다. 고객이 어려움을 호소하면 내가 가진 정보와 인맥을 활용해 합리적인 해결책을 제시해 주기도 했다.

"안녕하십니까, 김성환입니다."

나의 명함을 받아 든 사람들의 첫 반응은 호의적이지 않았다. 물론 예상했던 일이었기에 기가 죽지는 않았다. 성공한 젊은 기업가들에 대한 편견이 분명히 존재하고 있었고, 나에 대한 선입견 또한 없을 수는 없었다. 누가 갑이고 을인가는 나중에 따져도 좋을 문제였다.

일단 내가 찾아간 그 자리는 기업가들의 정기적인 모임이었기에 일반인들은 참석할 수 없었다. 신입회원의 경우, 3회 참석 후 집행부 전원의 동의가 있어야 정회원으로 받아들인다는 불문율이 있는 곳이었다. 내가 그 자리에 참석하겠다고 마음을 굳힌 이유는 인맥을 통해 영업을 하겠다는 목적 때문이 아니었다. 내가 몸담고 있는 보험과 세일즈 일의 가치를 알리고, 정보를 공유하며, 나아가 사업가적 마인드를 익혀 현재 업무에 창의적으로 적용해보겠다는 것이 목표였다. 그들은 자신이 성공한 기업가이기 때문에 호랑이라고 비유될 수 있다고 생각할 런지 모르지만, 나는 그들이 이룩한 성공이 아닌 그들의 사업가적 기질을 호랑이로 비유할 수 있다고 생각했다. 그리고 나는 바로 그 사업가적 기질을 배우고 싶었다.

이 모임을 처음 알게 된 것은 한 선배의 이야기로부터였다. 젊은 기업가 모임이 호텔에서 종종 열린다는 소식을 들은 후 여러 생각이 꼬리를 물었다. 그러던 중 자주 이용하는 미용실에서 그 실마리를 얻을 수 있었다. 내가 하는 일을 잘 알고 있던 미용사 후배가 자신이 알고 있는 젊은 기업가 한 명을 만나보지 않겠느냐며 제안해 주었다. 그렇게 우연히 만난 그 기업가는 놀랍게도 나와 같은 교회를 다니고 있었고, 또한 고등학교 선배였다. 만나는 횟수가 늘어나면서 선배와 나는 친분을 쌓게 되었다.

평소, 성공한 사람들의 생각은 뭐가 달라도 다르다고 생각해 왔다.

나는 이미 다양한 분야에 많은 이들을 알고 있었지만, 그럼에도 항상 내가 모르는 다른 분야에 있는 사람에 대한 갈증을 가지고 있었다. 특히 기업가들의 마인드에 관심이 많았다. 때문에 선배와 이야기를 하며 이와 같은 진심을 무심코 말하게 되었다. 내 말을 들은 선배는 젊은 기업가들의 모임이 호텔에서 있으니 한 번 와보지 않겠냐며 초대를 해주었다. 막상 초대를 받고 보니 '아는 사람은 선배 한 명뿐인데 과연 내가 가도 될까'라는 생각이 들어 망설이지 않을 수 없었다.

그렇게 모임에 참석하게 된 나는 같은 테이블에 앉은 사람들과 한동안 어색한 침묵만 지키고 있었다. 그 모임을 통해 영업을 하겠다고 온 것이 아니냐는 차가운 시선이 느껴졌다.

"술 좀 하실 줄 아십니까?"

분위기가 겸연쩍었는지 누군가 내게 질문을 던졌다. 개인적으로 술로 인간관계를 맺는 일을 좋아하는 편은 아니었지만 그날은 사람들이 주는 술을 빠지지 않고 다 받아 마셨다. 취기가 돌고 1년 동안 마실 술을 그날 한꺼번에 모두 마신 듯했으나 정신력으로 버텼다. 대부분 유학파인데다 지적인 풍모를 지니고 있어 술이 약할 것으로 예상했지만, 예상과 달리 모두 보통 주량이 아니었다. 나는 약한 모습을 보이기 싫었기 때문에 마음속으로 '정신일도 하사불성'을 외치며 술을 마셨다. 술에 지면 안 된다는 생각뿐이었다.

이후 두세 번의 만남을 통해 그들이 젊은 기업가들이지만 지나칠 정도로 독립심이 강하다는 사실을 알게 되었다. 그들은 부모로부터 기업과 경영권을 물려받은 경우가 대부분이었지만, 합리적 사고와 남다른 도전 정신을 갖고 있었다. 환경이 좋다고 해서 능력까지 저절로 생길 리는 없다. 오가는 대화가 길어질수록 그들도 나도 비슷한 고민과 꿈을 갖고 살아가는 동시대의 사람임을 느낄 수 있었다. 어쩌면 자신과 주변의 사람을 꿰뚫어 볼 줄 아는 안목을 갖춘 그들에게 나의 출현은 신선하게 다가왔는지도 모르겠다. 그들은 나의 제안과 아이디어를 듣기 위해 귀를 기울이기 시작했고, 이후 지속적인 노력 끝에 마침내 나는 모임의 정식회원으로 받아들여졌다.

지금은 내게 '재테크를 어떻게 하면 좋을지'에 대해 심각하게 자문을 구하는 이도 생겼다. 내가 사업을 하겠다고 할 때에도 회원들은 아낌없는 충고와 더불어 관련 자료를 제공해 주며 발 벗고 나서서 도움을 주기도 하였다. 한편으로 회원들을 대상으로 영업을 하겠다는 목적으로 모임에 들어온 것이 아니기 때문에 보험 계약 실적은 전혀 없었다.

인맥으로 섣불리 성과를 올리려는 생각은 버려야 한다. 그렇다고 인맥을 저버리자는 의미도 아니다. 나는 젊은 기업인 모임 참석을 계기로 용기를 얻어, 다른 모임에도 적극적으로 참여하여 인적 네트워크를 넓히고 있다. 인맥을 통해 필요한 에너지와 지혜를 찾아내고 폭넓게 받아들이는 것이 나의 주된 목적이다.

세미나 기법을 도입하다

2층에 마련한 세미나장은 만반의 준비가 갖춰져 있었다. 스크린과 빔 프로젝터도 이상이 없었고, 30명이 앉을 수 있는 테이블에도 필요한 식기도구가 가지런히 놓여 있었다. 에이전트들이 애를 써서 홍보도 할 만큼 한 것 같았고, 이제 노력의 결실을 얻어야 할 시간이었다.

"아무도 안 올 모양인데요?"

어느 에이전트의 말이 대못이 되어 가슴에 박혔다. 세미나를 개최할 시간이 다가오고 있었지만 참가자들은 아무도 나타나지 않았다. 서서히 초조해지기 시작했다.

나는 틈 날 때마다 경제경영 서적을 탐독하고 성공한 이들의 자서전을 읽었다. 항상 보다 업그레이드된 세일즈 방법은 없을까? 좀 더 창의적인 노하우는 없을까? 라는 고민을 가지고 있기 때문이다. 내가 겪는 모든 일과, 만나는 모든 사람들이 아이디어의 원천이 될 수 있기에 마음을 활짝 열고 주변의 모든 것을 관찰했다. 언제부터인가 나의 뇌는 스펀지 모드로 풀가동 중인 듯했다. 모든 액체를 무섭게 빨아들이는 스펀지처럼 내 머리는 모든 정보를 무섭게 흡수하고 있었다.

그러다 문득 떠오른 것이 세일즈에 세미나 기법을 적용해보자는 것이었다. 다른 업종의 관련 자료를 연구한 결과, 우리도 참석자와 토론하는 형식으로 영업을 한다면 매우 효과적일 것이라고 판단했다. 가망 고객을 일대일로 만나 상담하는 것보다 다수의 청중을 확보해 세미나를 여는 것이 시간당 효율성도 좋고, 호소력 면에서도 훨씬 효과적이리라 생각했다. 세미나 기법의 도입! 왜 이 생각을 진작하지 못했는지, 나도 모르게 무릎을 탁하고 쳤다.

"보험 세미나를 한다니, 누가 찾아오겠습니까? 제발 너무 무리하지 마세요."

내 이야기를 들은 대부분의 사람들은 비슷한 반응을 보였다. 하지만 나의 생각은 흔들림이 없었다. 새로운 생각이 떠올랐다면 저돌적으로 밀어 붙여야 승산이 있는 법이다. 나는 먼저 수소문을 해 전문가를 찾았다. 미국에서 세미나 기법을 공부하고 온 분들을 초빙해 동료들과 강의를 들었다. 세미나의 필요성부터 세미나 진행 방법까지 전문가의 노하우를 전수받은 우리는 직접 세미나를 준비했다.

준비를 마쳤을 때쯤 세미나를 모의 실시해볼 필요가 있다는 생각이 들었고, 모 치과대학 동창회를 섭외했다. 치과대학 동창회 정기총회 자리에 증권사 전문가를 초대하여 세미나 형식의 행사를 진행했다. 세미나에 대한 반응은 무척 좋았고, 내 아이디어에 대한 확신을 가질 수 있었다. 한편으로는 보완점도 발견할 수 있었다. 증권 전문가가 지식 전달만을 목적으로 이야기를 하다 보니 듣는 사람들이 지루해하는 것을 볼 수 있었다. 이 점을 보완한 뒤 다음 계획을 세웠다.

세미나 기법을 통해 당시 부의 상징으로 떠오른 강남의 한 주상복합 아파트 주민들을 고객으로 확보하는 것이 우리의 새로운 목표였다. 하지만 무작위로 선정한 주민을 상대로 한 세미나였기에 위험 부담 또한 많았다.

일단 관리소장의 양해를 얻어 세미나 공고를 붙이려던 첫 시도부터 벽에 부딪쳤다. 결국 우리들은 드나드는 주민들에게 전단을 배포했고, 주차장을 돌아다니며 전단을 뿌렸다. 때로는 경비원들에게 쫓기면서 광고물을 부착하기도 했다.

비록 홍보에는 우여곡절이 많았지만, 세미나만큼은 수준 높고 다양한 내용으로 준비했다. 단순한 재테크 세미나를 개최하는 것은 큰 의미가 없었기 때문에 일종의 조인트 세미나를 기획했다. 최근 경제동향에 맞는 바람직한 재테크 전략을 전문 분석 자료를 통해 조망한 후에, 각 분야의 전문가를 초청하여 다양한 정보를 전달하자는 것이 핵심이었다. 벤츠나 BMW 등의 고급 승용차에 대한 정보를 비롯하여 유명 스파, 해외 유학 상담 등 관심 분야를 폭 넓게 설정하여 준비했다.

시간이 가까워지자 사람들이 세미나 장에 하나 둘 나타나기 시작했다. 20여 개의 좌석이 채워졌다. 첫 시도치고는 만족할 만한 인원이었다. 세미나 강연이 본격적으로 진행되었고, 전문 자료를 찾아가며 꼼꼼히 작성한 문건을 바탕으로 현재 한국 경제 시장을 진단하고 향후 10년을 전망했다.

나는 이 강연을 통해 국내 종합주가지수가 1,500포인트 이상 오르리라고 전망했다. 이 말을 들은 대다수의 사람들은 설왕설래하는 분위기였다. 당시 종합주가지수가 800포인트 대였으므로 어쩌면 당연하다고 할 수 있는 반응이었다. 나는 나름의 근거를 들어 논리적으로 설명을 이어갔다. 주가가 상승세를 타는 상황에서는 변액 보험 상품에 투자하는 것이 유리하다는 점을 강조했다.

강연 후 질문시간이 되자 여기저기에서 질문이 쏟아졌다. 주식 시장 전망과 변액 보험 상품에 대한 질문이 대부분이었고 우리는 성실하게 답변을 해나갔다. 고급 승용차, 스파 및 해외 유학 등에 대한 전문가들의 발표와 상담도 발 빠르게 진행했다. 시간을 오래 끌어서 좋을 게 없다는 것을 경험을 통해 알고 있었기 때문이다.

세미나가 끝나자 개인 상담을 희망하는 사람들이 속속 나왔다. 그들과 상담 약속을 잡는 것으로 첫 세미나는 성공적으로 마무리되었다. 이날 참석한 사람들 가운데 고객이 된 사람은 모두 다섯 명이었다. 만족할 만한 성과였다.

첫 성공의 경험을 살려 세미나를 보험 세일즈의 주요 전략으로 만들어나갔다. 경제와 관련된 사항을 직접 분석하고 신뢰할 만한 자료를 만들어 준비했으며, 세무 · 회계 · 법률 · 금융 재테크 · 노후 대비 등 주제를 더욱 세분화하고 다양화해 가망 고객의 특성에 따른 '맞춤 세미나'를 시행했다. 불특정 다수를 대상으로 비교적 큰 규모의 세미나를 열기도 했고, 기존 고객이나 지인들을 대상으로 소규모 세미나를 열기도 했다. 세무나 법률, 회계 등 전문적인 지식이 필요한 분야는 아웃소싱으로 해결했다.

이어서 그 다음 달에 제주도의 의사들을 상대로 K호텔에서 세미나를 실시했다. 300여 병원을 무작위 선정하여 초청장을 보냈고, 안내전화를 통해 24명이 참석했다. 제주도의 의사들을 상대로는 유학 정보를 앞세우는 전략을 택했는데, 이것이 주효했다. 제주도에 상주하는 의사들이 상대적으로 자녀 교육 정보에 대해 부족함을 느끼고 있을 것이라는 예상이 적중했던 것이다.

이렇듯 실례를 통해 세미나가 훌륭한 세일즈 전략임이 입증되었다. 세미나로 인해 고객 확보율이 높아지고 챔피언 자리에 오르는 에이전트들이 생기기 시작했다. 확실히 생산성이 한 단계 높아지고 있었다. 기존의 세미나 기법을 보험 세일즈에 적용해 보자는 아이디어를 냈던 나로서는 참 뿌듯한 일이었다. 하나의 아이디어는 또 다른 새로운 아이디어를 낳는다.

나는 세미나에서 아웃소싱을 했던 경험을 살려 회계사를 고용했다. 자산 규모가 큰 고객과 상담을 할 때면 회계사가 동행했다. 회계사가 제공하는 전문 지식은 고객의 재정 상황에 맞춰 합리적으로 설계하는 데 많은 도움을 주었다.

지금은 증권 회사나 보험사 등에서 세미나를 여는 일이 하나의 세일

즈 기법으로 자리를 잡았지만, 2004년 초만 해도 보험사에서 세미나를
연다는 것은 찾아보기 어려운 일이었다.

자신을 믿어라. 자신의 능력을 신뢰하라. 겸손하지만 합리적인 자신감 없이는 성공할 수도 행복할 수도 없다. — 노먼 빈센트 필

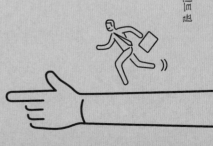

5
당신의 명함은 절대 긍정

●

"굶어 죽을지도 모른다고 느끼는 절박한 순간이야말로 그 사람의 잠재력을 극한까지 개발할 수 있는 기회인데, 자식에게 돈을 물려줘서 아이의 미래를 망치는 부모들의 행동을 도저히 이해하지 못하겠다." 한국인으로서는 최초로 미국의 엔터테인먼트 시장에 진출한 어느 연예 기획자의 말이 가슴에 와 닿는다.

비관적인 사람은 대개 자신의 어려운 상황을 가정, 회사, 사회 등 주변 환경 탓으로 돌린다. 그러나 환경은 개인이 선택할 수 없다. 똑같은 환경이라도 개인이 느끼는 행복 수준이나 직업적 성취는 큰 차이를 보인다. 최근에 한 심리학 연구를 보면, 인간의 행복에 환경이 미치는 영향력은 10퍼센트에 불과하다는 사실이 밝혀졌다.

또 다른 심리학 연구에 따르면 긍정적인 사람들이 그렇지 않은 사람들에 비해 더 사교적이고 활기차기 때문에 다른 사람들로부터 더 많은 호감을 산다고 한다. 아울러 이런 성격의 사람들은 사고가 유연하고 독창적이며 직장에서도 보다 생산적이라는 사실이 과학적으로 증명되기도 했다.

나는 언제나 냉혹한 현실을 직시하되, 그 속에서 안 되는 이유를 찾기보다는 기회와 가능성을 찾는 사람이 되고자 노력해 왔다. 그 결과 어려움과 슬럼프를 역전의 기회로 삼을 수 있다는 깨달음을 경험을 통해 얻을 수 있었다.

메트라이프코리아에 면접시험을 보던 날이었다. 말끔한 양복 차림의 지원자들 사이에서 나는 홀로 튈 수밖에 없었다. 나는 전투복에 군화 차림이었다. 마침내 순서가 되어 심호흡을 하고 면접 장소로 들어갔다. 면접관은 지금의 김종운 수석부사장이었다. 정중히 인사를 하고 내 명함을 건넸다. 그리고 명함을 내려다보는 그에게 말했다.

"제게도 명함을 한 장 주십시오."

면접관에게 명함을 달라는 당돌한 나의 행동에 그는 잠시 어이없다는 표정으로 바라보더니 이내 자신의 명함을 내밀며 말했다.

"참 나, 면접시험 보러 온 사람한테 명함을 주긴 처음이오."

명함에 박힌 그의 당시 직함은 놀랍게도 전무이사였다. 명함을 보고 당황한 나를 보고 그가 말했다.

"이 달에 10건만 하세요. 할 수 있겠어요?"

나는 그의 질문에 할 수 있다고 당당히 답했다. 세일즈 일을 한 번도 해 본 적이 없었지만 이상하게도 자신감이 솟구쳤다.

그렇게 나는 면접을 마치기도 전에 합격이 되었다. 지금도 김 수석부사장은 면접 때 면접관의 명함을 받아간 사람은 오직 나뿐이었다고 무용담처럼 이야기하곤 한다. 그렇게 나는 세일즈를 처음 시작했다. 1999년 7월, 내 나이 스물일곱 때였다.

외환위기가 터진 1998년 나는 절박한 상황에 처해있었다. 지인에게 빌려준 돈이 잘못되어 8,000만 원의 부채를 떠안게 된 나는 당시 직업 군인으로, 4년째 ROTC장교로 군 생활을 하고 있었다. 신병 교육대장으로 소대장을 거쳐 중대장을 끝으로 군 생활을 마쳤다. 애초 예상보다 이른 전역이었다. 장기 지원이 가능한 상황이었기에 계속 군 생활을 할 수도 있었지만 나는 전역을 선택했다.

당시 나는 단칸방으로 집을 옮기고 은행에서 대출을 받아 빚을 갚았다. 매달 120만 원의 은행 이자를 갚아야 했다. 급여의 대부분이 은행으로 빠져나가자 생활이 되지 않았다. 제대로 된 집을 얻어야 했고 원금도 갚아야 했다. 그러나 둘 다 요원하기만 했다. 8,000만 원을 모두 상환하려면 몇 십 년이 걸릴지 모르는 일이었다. 당시 나는 어떻게 살아야 할지 막막했다.

면접을 볼 당시 나는 새 직업이 절실했다. 나는 갑이 아니라 철저히 을의 입장이었다. 그럼에도 불구하고 유머를 잃지 않고 당당할 수 있었다. 어려운 상황이었지만, 내게는 절박함에서 나온 뚜렷한 목표와 자신감이 있었다. 뛰어난 성과로 높은 보상을 받겠다는 목표가 있었다. 비전을 가진 내 인생은 더 이상 빚에 시달리는 갑갑한 인생이 아니었다. 목표를 세운 그 순간 이미 목표에 다가선 셈이었다. 그래서 나는 갑 앞에서도 주눅 들지 않을 수 있었다. 그 기운이 무엇이었냐고 재차 묻는다면 절대 긍정의 힘이라고 밖에는 설명할 수밖에 없다.

한편 군 생활을 정리하는 과정에서 예기치 못한 사태에 부딪쳤다. 가족과 친구, 동료들은 하나같이 "왜 하필이면 보험 세일즈냐"며 만류했다. 새 직업을 찾아 군을 떠난다더니 기껏 세일즈냐는 시각이 대부분이었다. 당시만 해도 많은 사람들이 보험 에이전트를, 지인들을 찾아다니며 계약 하나만 해달라고 귀찮게 구는 존재로 인식했다. 나의 지인들 역시 보험 세일즈란 전문성도 없고 비전도 없는 보잘 것 없는 직업으로 생각하고 있었던 것이다.

"나 자신을 믿자!"

당시 내가 내린 결론이었다. 나는 주위에서 말하는 반대의 이유가 합리적이지 않다고 생각했다. 세일즈라는 직업에 대한 막연한 인상일 뿐 설득력 있는 근거는 하나도 없었다. 그리고 나는 세일즈에 대한 전망을 믿고 있었다. 반대가 심할수록 긍정적인 오기도 생겼다. 세일즈로 반드시 성공하여 많은 이들에게 결국 내 선택이 옳았음을 증명해 보이고 싶었다.

인생은 끝없는 선택과 도전의 연속이다. 애초에 옳은 선택이란 없을지도 모른다. 모든 도전은 본질적으로 무모한 법이다. 그 선택을 옳은 것으로, 무모한 도전을 실제 성과로 만드는 것은 오로지 나 자신에게 달려 있다.

ROTC 친구들은 전역 후 대기업에 입사해 일하는 경우가 많았다. 나 역시 대기업의 문을 두드렸고, 신문 기자가 되기 위해 시험 준비도 했다. 어느 날 신문을 읽다가 외국계 생명보험사의 구인 광고를 보게 되었다. 그 순간 '바로 이거다!'라는 생각이 들었다. 성과만큼 대가가 돌아오는 세일즈야말로 가능한 한 빠른 시간 내 돈을 벌어야 하는 내게 딱 맞는 일이었다. 대기업이나 신문사 직원은 고정된 수입에 만족해야 하는 샐러리맨 생활을 벗어나기 힘들 것이라는 생각이 들었다. 그래서 외국계 보험사를 알아보기 시작했고, 그중에서도 친구의 소개로 처음 알게 된 메트라이프코리아에 마음이 끌렸다. 우선 보수 체계가 선진적이었다. 전반적으로 따뜻한 분위기에 사람들도 좋아 보였다. 그렇게 나는 지지와 격려를 해주는 사람 하나 없이, 오롯이 내 의지로 세일즈 업계에 첫발을 내딛게 되었다. 사실 그 당시 내가 면접관들에게 내밀 수 있는 명함은 '절대 긍정'뿐이었다. 하지만 당시 면접관이었던 김종운 전(前)회장님은 이런 나의 진심을 알아봐주셨고 덕분에 면접장에서 명함을 주고받을 수 있었다.

그때만 해도 나는 이 작은 사건이 내 인생을 어떤 식으로 바꿔 놓을지 상상하지 못했다. 내가 가진 것은 열심히 하겠다는 각오와, 할 수 있다는 자신감뿐이었다. 내 앞에 어떤 시련이 놓여있는지, 또 그것들이 나를 얼마나 성장, 발전시킬지 미처 알지 못했다.

무슨 일이든 조금씩 차근차근 해 나가면 그리 어렵지 않다. — 헨리 포드

2

절대 긍정 제2법칙 ● 자기 이미지

자존심을
이길 수 있는
자신감을 준비하라

6

갑의 세일즈를 하라

●

프로는 자신감을 앞세우고 아마추어는 자존심을 앞세운다. 미국의 유명한 글로벌 기업 현관 입구에는 크게 두 줄의 사훈이 새겨져 있다.

"첫째, 고객은 무조건 옳다."

"둘째, 고객이 틀렸다고 생각되면 첫 번째 항목을 다시 읽어라."

우리가 세일즈를 위해 고객을 만나는 것은 고객의 문제를 해결해 주기 위해서이다. 과거의 경험이나 소문으로 인해 잘못된 선입견을 가지고 있거나, 자신의 니즈를 스스로도 잘 모르고 있는 고객을 만날 경우, 세일즈맨은 자존심까지 공격당하는 상황을 얼마든지 겪을 수 있다. 이때 명심해야 할 점이 있다. 우리는 자존심을 세우기 위해 고객을 만난 것이 아니다. 고객의 문제를 해결해주기 위해 만난 것이다. 고객도 모르는 고객의 문제를 하나하나 알려주고 고객이 납득한다면, 우리의 자존심은 스스로 내세우지 않아도 고객이 먼저 세워주게 되어있다. 이것이 바로 '갑의 세일즈'이다.

갑의 세일즈를 하기 위해서는 우선 기본기가 확실해야 한다. 모든 성공한 사람은 누구나 아는 일의 기본 원리를 비범하게 실행하기 위해 전력을 다한다. 반면에 실패한 이는 있지도 않은 특별한 비결을 찾는데 정신이 팔려서 발밑의 기회를 날려버리는 사람임을 명심해야 한다.

세일즈 프로세스 7단계

운동과 마찬 가지로 모든 비즈니스에도 기본이 중요하다. 그러나 많은 사람들이 '기본은 쉬운 것'이라고 생각하고 소홀히 한다. 쉽게 지루해하며 새로운 것을 찾아 바로 다음 단계로 넘어가고 싶은 유혹에 빠지게된다. 기본을 습득하는 과정은 재미가 없고, 단조롭고, 반복적인 것이 당연하다. 그러나 이러한 반복을 통해 확실히 자기 것으로 만든다면 몸과생각과 의식이 자동적으로 조건반사하게 된다. 생각하고 판단하여 실행하는 것이 아니라, 나도 모르는 사이에 자동적으로 정확하게 행동하는자신의 모습을 발견하게 된다. 그렇게 만들어진 습관이 그 사람의 판단과 행동을 결정하고 성과를 만들어 낸다.

아래 소개하는 프로세스는 모든 비즈니스와 세일즈의 기본이 되는내용이다. 확실히 익혀 자신만의 무기로 만드시길 바란다. 이를 철저하게 일에 적용한다면 당신은 분명 훨씬 더 좋은 성과를 얻을 수 있을 것이다.

1. PP(Prospecting Pool, 가망고객 발굴)

고객이 될 가능성이 있는 사람들을 분류하고 목록화하여, 이를 바탕으로 세일즈를 펼칠 상대를 찾는 단계를 흔히 PP(가망고객 발굴)라고 한다. 유년 시절이나 초등학교 때 친구들, 중·고등학교 동창들, 대학과 대학

원 동기들, 군대에서 만난 사람들, 직장을 비롯하여 사회에서 만난 사람들, 친인척들이 모두 가망 고객이다. 알게 된 경로에 따라 분류하고, 이름과 연락처를 적어 리스트를 만드는 것이다. 이것이 바로 평소에 우리가 자주 이야기하는 가망고객 DB 작업인데, 이 작업은 무척이나 중요하다. 하지만 연고에 의해 가망 고객을 발굴하는 일에는 한계가 있다. 결국 우리는 개척이나 세미나 등을 통해 낯선 사람들에게 다가가야 한다.

기존 고객 관리도 가망 고객을 발굴하는 중요한 방법 중의 하나이다. 특히 기존 고객이 주변에 영향력이 있는 키맨(Key Man)이라면, 좋은 가망 고객들을 여러 명 소개받을 수 있다. 영향력 있는 한 명은 그렇지 못한 100명 보다 훨씬 가치가 있다.

2. TA(Telephone Approach, 전화 접근)

가망 고객에게 전화를 걸 때는 먼저 자기소개를 해야 한다. 어떤 경로로 알게 되어 전화를 했는지도 밝혀야 한다. 이때 거절을 당하지 않는 자기만의 비결이 필요하다. 'Yes'가 다섯 번만 나오면 나머지는 모두 'Yes'이다. 이미 계약한 것이나 다름없다. 따라서가 'Yes'가 나올 수밖에 없는 질문을 해야 한다. 이를테면 다음의 상황처럼 말이다.

"안녕하세요. 메트라이프코리아 김성환이라고 합니다. L씨 이신가요?"

"예, 그런데요."

"혹시 K 씨 아십니까?"

"예, 압니다."

"두 분이 대학 때부터 친하셨다면서요?"

"예, 친한 친구죠."

이런 식으로 가볍게 'Yes'를 이끌어낸 후에 상대를 칭찬하면 친밀감을 이끌어 낼 수 있다.

"목소리가 굉장히 젊으시네요. 정말 90학번 맞으세요? K씨한테 말씀 많이 들었습니다. 재테크에 일가견이 있으시다고요."

이런 식으로 상대방과 나의 긴장을 푼 다음 목적을 밝힌다. 방문하고 싶다는 의사를 분명히 이야기하면 된다. 만약 개인 사정을 들어 거절한다면 다른 방법을 찾아야 한다.

"제가 그 점을 충분히 고려해서 찾아뵙고 말씀드리겠습니다."

이미 'Yes'가 꽤 나온 상태이므로 대부분은 거절을 하지 않는다. 그렇다면 이제는 약속을 잡을 차례이다. 약속 시간에 대한 질문은 두 가지 중 하나를 선택하도록 유도하는 것이 비결이다. 다음과 같은 질문은 상대로 하여금 거절하기 어렵도록 만든다.

"주초가 편하십니까, 아니면 주말이 편하십니까?"

"주초가 좋습니다."

"그렇다면 월요일이 좋으십니까, 화요일이 좋으십니까?"

"화요일이 좋을 것 같네요."

"화요일 오전에 찾아뵐까요, 오후에 찾아뵐까요?"

이 다음엔 약속 시간을 정확하게 잡고, 마지막으로 한 번 더 약속을 확인한다. 이렇게 하면 합리적으로 일하는 사람이라는 인상도 줄 수 있다.

첫 번째 TA(전화접근)에서 실패했다면 다시 시도해야 한다. 두 번째도 거절당했다면 한 번 더 접근한다. 세 번 이상 거절하는 경우는 거의 없다. 여기에서도 절대 긍정과 대수의 법칙을 적용해야 한다. 만약 세 번째에도 거절한다면, 기존의 방식을 계속 밀고 갈지, 아니면 접근 방법을 바꿀지를 원점에서 재검토한 후에 다시 시도한다.

3. Relax(긴장 풀기)

고객과 처음 만나는 단계라면, 우선 나를 알아야 한다. 예를 들면, 영국 정통 신사들은 스타일이 모두 비슷하다. 상대방에게 가장 편안하게 다가갈 수 있는 옷차림이기 때문이다.

'내 옷차림은 어떤가?' 상대에게 거부감을 주지 않는 차림새인지 스스로를 점검해야 한다.

그 다음 상대방을 파악한다. '상대방의 옷차림은 어떤가?' '어떤 종류의 단어를 사용하며 말투는 어떤가?' 혹은 사무실의 분위기를 보고 상대방의 성향을 파악할 수도 있다. '책상 위에 가족사진이 놓여 있는가?' '책상이 깔끔하게 정돈되어 있는가?' 사무실만 보고도 그가 보수적인지 개방적인지, 혹은 평범한지 독특한지 알 수 있다. 고객의 성향은 가장 기본적인 정보이다.

대화를 할 때는 상대방의 목소리에 맞춰야 한다. 말이 빠른 사람이라면 빠르게 말하고, 목소리가 높은 사람이라면 높은 톤으로 말해야한다. 처음엔 날씨 등 가벼운 대화로 시작하면 된다. 외모에 대한 칭찬도 잊으면 안된다.

"넥타이가 참 멋지군요."

칭찬을 들어서 기분 나쁜 사람은 별로 없다.

4. Needs(환기/파악)

상대방이 처해 있는 현재의 상황을 점검하여 상품이 필요한 이유를 파악해야 한다. 노후 대비가 필요하다면 보험을, 재테크를 원한다면 펀드를 염두에 두어야 한다. 상대방에게 준비된 것이 무엇인지도 파악하는 게 좋다. 어떤 보험에 가입되어 있는지, 부족한 부분은 무엇인지 확인한다.

모두 파악했다면 그 다음은 FF(Fact Finding, 정보 수집)단계로 나아간다. 상대의 수입 지출자산 등 재정 상태를 파악한다. 집안 환경, 직장 상황, 성격에 대한 정보도 중요하다. 가족 관계에 대한 정보는 가족 내 결정권자가 누구인지 알 수 있게 해준다. 주도권이 아내에게 있느냐 혹은 남편에게 있느냐를 알면 다음 단계인 프레젠테이션이 훨씬 수월해진다.

이 과정에서 상대의 니즈를 파악할 수 있다. 니즈를 파악하는 가장 좋은 방법은 질문이다. 물어보지 않는 한 알아낼 수 있는 것은 없다. 이 세상에 같은 사람은 존재하지 않듯 고객은 매우 다양하다. 꼭 질문하자. 질문을 통해 고객의 정보를 최대한 알아내고, 그의 심리를 이해해야 한다.

니즈 '파악'이 고객의 필요를 알아내는 것이라면 니즈 '환기'는 고객의 필요를 창조하는 일이다. 컴퓨터가 출시되기 전까지 컴퓨터를 만들어 달라고 요구하는 고객은 한 명도 없다. 고객은 당신이 제시할 수 있는 상품의 구체적인 내용과 목적을 알기 전에는 그 상품이 자신에게 왜 필요한지 모른다. 이 때, 단지 상품을 판매하는 것이 목적이 아니라 고객의 고민과 문제를 해결해 줄 수 있는 솔루션을 만들어준다는 관점에서 이야기를 전개해야 한다.

니즈 환기가 끝나면 선(先)거절 처리 단계에 접어들게 된다. 상대방은 이쯤에서 거절 의사를 밝힐 수 있다.

"요즘 형편이 어려워서 보험 들 여력이 없습니다."

그렇게 말하기 전에 선두를 점해야 한다.

"요즘 어려우시죠? 다들 먹고살기 힘들다고 합니다."

이렇게 시작하면 다음 단계로의 이행이 훨씬 쉬워진다.

이때, 고객의 말에 반론을 제기해선 곤란하다. 대신 'Yes, but' 어법을 사용해야 한다. '예, 그렇습니다. 하지만' 하는 식으로 말하면 된다. 거절의 말을 경청하되 한 귀로 흘려버리는 기술도 필요하다. 나의 경우 고객의 말을 받아 적는다. 받아 적으면서 오해나 편견 등에서 나온 나쁜 반응은 잊어버린다. 잊어버린다는 말을 오해하지는 않았으면 한다. 흘려들어야 할 것과 담고 있어 이롭지 않을 것들을 분류한다는 뜻이다.

5. Presentation(프레젠테이션)

지난 미팅을 점검하는 단계이다. 지난번에 오간 대화를 요약하고 니즈를 재확인한다. 고객이 질문하면 짧고 간단하고 명료하고 쉽게 대답한다. 상품을 소개하고 설계해 온 포트폴리오를 설명한다. '여러분'이 아니라 '당신', '우리'가 아니라 '나'일 때 효과가 크다. 누구에게나 좋은 상품이 아니라 '당신'에게 딱 맞는 상품이라고 말해야 한다.

6. Closing(구매)

만약 거절한다면 대안을 제시해야만 한다. 다른 상품을 제시하고 첫번째 상품과 그 상품 가운데 하나를 고르게 하는 것이다.

'A와 B 둘 중에 어느 것을 선택하시겠습니까?'

이때 같이 활용할 수 있는 말은 다음과 같은 말이다.

"강남의 병원장님들 가운데 이 상품에 가입하지 않은 분들은 없습니다."

"그래요? 그 사람들은 한 달에 얼마나 내나요?"

"300만 원에서 500만 원 사이입니다."

다른 사람도 갖고 있다는 말은 의외로 효과가 크다. 이때 계약 금액이 높게 조정되기도 한다. 아이부터 어른까지, 인간은 준거 집단에 민감하다. 그 심리를 이해하고 있으면 좋다. 또한 다음과 같은 말도 구매를 촉진한다.

"사장님처럼 열심히 일하시는 분께는 이 상품이 꼭 필요합니다."

'스토리텔링'도 훌륭한 기법이다. 흥미를 유발할 만한 예화를 제시한다. 계약 100일 만에 질병을 발견해 보장을 받은 경우, 계약 7개 월만에 사망해 가족에게 3억이 지급된 경우 등은 관심을 유도하는 좋은 예화이다.

구매 권유에는 '침묵'의 기법도 필요하다. 가끔은 대화 중 잠깐 침묵할 필요가 있다. 말 없는 3초가 몇 분의 열변보다 효과를 발휘하는 순간이 있기 때문이다.

7. CRM(고객 관리)

계약이 성사되고 난 후 증권을 전달하고 사후 관리로 접어드는 단계이다. 나는 증권을 전달할 때 고객과 반드시 부부 동반 식사를 한다. 소중한 고객이 되어준 데에 대한 감사의 표시다. 고객을 확보했다면 그 중 '키맨'을 특별히 선별해서 집중 관리하는 것이 좋다. 입소문은 최고의 광고이기 때문이다. 최고의 마케팅은 기존 고객을 통해 신규 고객을 만들어내는 일이다. 고객을 등급별로 분류하고 그에 맞춰 서비스한다. 안부 전화나 감사 카드를 보내고 선물을 해도 좋다. 좋은 상품에 가입했다는 점을 재확인시켜 주는 일도 고객 관리 방법 중 하나이다.

갑의 세일즈

앞에서 소개한 세일즈 프로세스 7단계는 보험 업계에서는 정석이 된 스킬이다. 세일즈에 임할 때는 자존심보다 자신감을 내세우는 것이 훨씬 현명하다. 자신감을 만드는 것은 결국 세일즈맨 각자의 스킬인 것이다. 영업에서 말하는 이른바 갑과 을의 관계는 언제든지 바뀔 수 있다. 프로세스 7단계를 자신의 방식에 맞게 충분히 익힐 뿐 아니라 능동적인 태도를 가져야만 갑의 세일즈를 할 수 있다. 이와 관련해 내가 세일즈 세계에 들어와 절실히 깨달은 것이 하나 있다. 여러모로 능력을 인정받아 갑의 입장에 서더라도 자신을 낮추고 겸손해야만 더 많은 것을 얻을 수 있다는 사실이다. 때문에 최선을 다했다고 생각할 때, 긴장을 풀지 말고 한 번 더 집중해야 한다.

7

최선을 다했다고 생각할 때 한 번 더 집중하라

●

물은 섭씨 99도까지는 여전히 물로 남아 있다가 100도가 되어야 비로소 수증기라는 눈에 보이지 않는 기체로 질적인 변화를 한다.

성공도 이와 같다. 10의 성과를 내는 사람과 그 열 배인 100의 성과를 내는 사람이 기울이는 노력의 차이는 10과 100만큼의 차이가 아니라 99와 100의 차이인 경우가 더 많다. 평범과 비범, 성공과 실패를 가르는 것은 대부분 그 마지막 1도까지 한 걸음 더 밀고 가는 사람과 그렇지 못한 사람의 차이에서 비롯된다. 무엇보다 목표를 향한 집중력이 필요하다. 그렇다고 해서 집중력만 있다면 그저 직진밖에 모르는 맹목적인 불도저에 불과할 뿐이다. 마지막 1도의 벽을 넘기 위해 집중력과 더불어 갖춰야 할 것은 지식과 상상력이다. 물이 100도를 넘으면 기체가 된다는 지식은, 세일즈를 통해 내가 고객에게 줄 수 있는 것이 무엇이고 그 상품과 서비스를 통해 고객의 삶을 얼마나 행복하고 안정감이 있게 재설계할 수 있는지 아는 일이다. 아울러 물이 수증기가 되어 날아가는 상태를 이미지화할 수 있는 상상력이 필요하다. 눈앞의 난관을 넘어 계약이 성사됨으로써 고객이 즐거워하고 나에게 정신적, 경제적 보상이 돌아올 장면을 상상해보자. 그 행복한 순간을 눈앞의 작은 어려움 하나로 인해 포기할 수 없게 될 것이다.

가망고객 발굴 성공기

A씨는 밝은 표정으로 나를 맞아 주었지만 여전히 단호히 거절했다. 나는 틈만 나면 A씨의 가게로 찾아갔다. 하지만 그는 보험과 관련된 어떤 얘기도 들으려 하지 않았다. A씨는 대형 식당을 운영하는 자영업자였다. 우리 사무실 근처에 있는 그 식당은 음식 맛 좋기로 소문이 나 항상 손님들로 가득했다. 특히, 고기 맛이 일품이어서 예약을 하지 않으면 헛걸음을 하기 일쑤였다. 주변에서 들리는 말로는, 그가 돈을 많이 벌어 가까운 곳의 빌딩을 샀다는 소문이 떠돌고 있었다.

갖은 노력을 했지만, A씨에게 좀처럼 통하지 않았다. 얼굴을 익히기 위해 그 식당에서 에이전트들의 회식도 심심찮게 치렀음에도 그는 도무지 시간을 내주지 않았다. 결국 나는 비장의 무기를 꺼내 들 수밖에 없었다.

"축하드립니다."

"축하? 무슨 축하?"

"아드님이 이번에 대학에 합격했다면서요? 요즘에 그렇게 쉽게 대학을 간다는 게 보통 일입니까. 정말 축하드립니다."

이 말을 들은 A씨의 눈빛이 금세 달라졌다. 최대 고민거리였던 아들의 진학문제가 잘 풀린 A씨로서는 표정 관리가 쉽지 않은 상황이었다. 나는 일전에 식사를 하다가 우연히 종업원들로부터 그의 아들이 대학에 합격했다는 대화를 듣게 되었던 것이다. A씨의 표정을 본 나는 회심의 미소를 지었다. 이미 A씨와의 대화에서 반은 이기고 들어갔음을 확신했다.

"대학에 합격했으니 이제 아드님 해외 유학도 미리미리 준비하셔야죠. 해외유학 상품을 하나 들어두시죠."

"뭐요? 해외유학 상품이라는 것도 있소?"

A씨의 표정은 금방 진지해졌다. 나는 미소를 지으며 식탁 앞에 자리를 잡았고, A씨도 슬그머니 내 앞에 앉았다. 가망 없을 것 같은 마지막 순간 한 번 더 집중한 결과였다. 집중하면 평소에 들리지 않던 소리도 들리게 되는 법이다.

개척 방식으로 세일즈하는 법

사람들이 가끔 내게 묻는다. 사람마다 다 다른데 그때마다 접근하는 방법이 따로 있느냐고. 이를테면 성별과 나이, 결혼 여부, 직업이 모두 다를 텐데 상품을 소개하는 방법도 당연히 다르지 않겠느냐는 질문이었다. 직업별로 어필할 수 있는 포인트가 따로 없느냐며 비결을 알려달라고 구체적으로 요구하는 사람까지 있다.

물론 맞는 말이다. 다양한 사람들에게 똑같은 방법으로 호소할 수는 없다. 자영업자와 샐러리맨이 다르고, 전문직 종사자 역시 각자 성향이 다르다. 남자와 여자의 태도가 다르고, 기혼이냐 미혼이냐에 따라 반응은 모두 다르다. 그러나 내 경험에 비추어 볼 때 상담의 내용은 조금씩 다를 수 있지만 접근 방식은 크게 개척, 소개, 세미나 등 3가지로 요약할 수 있다.

가장 먼저 살펴 볼 접근법은, 말 그대로 생면부지의 고객에게 개척 정신 하나만 앞세워 접근하는 방식이다. 이 방법은 세일즈의 기본이기에 세일즈맨이 가장 선호해야 할 방법이지만 현실적으로 가장 꺼리는 방식이기도 하다. 처음 보는 사람에게 상품을 설명하고 계약하는 상황이 쉬울 리 없다. 때문에 개척에는 많은 시간 투자가 선행되어야 한다. 앞의 예처럼 식당의 주인을 목표로 삼을 경우 그 식당에 집중적으로 찾아가 식사를 해야 하는 번거로움도 감내해야 한다. 식당에 들어서면 가장 큰 소리로 인사하는 사람, 가장 허리를 깊숙하게 숙이는 사람을 주목할 필요가 있다. 보통 주인이 가장 적극적으로 행동하기 때문에 그런 사람이 주인일 가능성이 높다. 그래도 꼭 다시 한 번 확인을 해야 한다. 종업원에게 자신이 주목한 사람이 사장이냐고 확인하면 된다. 그 다음엔 식사를 마치고 계산을 할 때 반드시 주인에게만 계산을 하겠다고 우겨야 한다. 주인과 눈도장을 찍지 않으면 아무 소용이 없기 때문이다.

"음식이 맛있네요. 가끔 오는데 한가할 때 오면 커피 한 잔 주실 수 있습니까?"

음식이 맛있다고 칭찬한 뒤, 한가할 때 들르겠다는 말을 하면 열에 아홉은 거부 반응을 보이지는 않는다. 그때까지는 손님이 왕이고 갑이기 때문이다.

물론 잊지 말아야 할 것이 있다. 계산할 때 명함을 건네는 일이다. 주인은 명함을 통해 내가 어떤 사람인지 알게 된다. 바로 그때부터 심리전이 시작되는 것이다. 그렇다고 다음 날 바로 다시 찾아가는 세일즈맨은 바보라고 할 수 있다. 식사 시간에 몇 번 더 찾아가서 눈도장을 사정없이 찍은 다음, 주인이 바쁘지 않을 때 진지한 태도로 정색을 하고 찾아가 상담을 해야 한다. 연애할 때처럼 밀고 당기는 긴장의 조율이 필요하다.

그렇다면 이번엔 전문직인 의사를 공략할 때 적용할 수 있는 개척 방법을 살펴보자. 의사를 만나 상품을 설명하려면 먼저 간호사를 만나야 한다. 간호사에게 명함을 주며 의사에게 전해달라는 말만 남긴 채 조용히 물러나오면 평생을 가도 의사를 만날 기회는 오지 않는다. 그 명함은 십중팔구 재활용쓰레기 통으로 들어갈 것이기 때문이다. 그보다는 늦은 오후에 간식거리를 들고 가 간호사에게 주는 방법이 더 효과가 좋다. 그냥 명함만 두고 가는 것보다는 훨씬 나은 방책이다. 간호사에게 간식거리를 제공한다는 호감과 더불어 약간의 심리적인 부담까지 주게되는 것이다. 이 경우 간호사가 의사에게 호의적으로 권유를 하게 되고 그만큼 의사를 만날 확률이 높아지게 된다.

그러나 역시 의사를 직접 만나는 것이 가장 효과적이다. 그래서 나는 정식으로 진찰권을 끊어서 의사의 진찰 시간을 당당하게 활용하는 편을 택한다. 여기서도 환자 자격으로 온 내가 왕이고 갑이며, 의사는 을이 된다. 정당하고 합리적인 방법으로 의사의 시간을 내 것으로 만들면 거부반응을 줄일 수 있다.

이어서 의사에게 뻔한 세일즈맨으로 비치지 않을 차별화 전략도 준비해야 한다. 개인 병원일 경우 아무리 예약제라 해도 날이 궂으면 환자들이 오지 않는 경우가 많다. 예약 취소는 병원으로서 손실일 수밖에 없다. 그럴 때는 병원 운영에 도움이 될 자료나 방법론을 제시하는 일도 필요하다. 나는 의사에게 환자의 집으로 병원차를 보내는 방법을 제시하기도 했고, 고혈압 약을 받아갈 때가 지난 환자의 집으로 전화를 걸어 진찰받을 날짜를 환기시키는 방법, 환자에게 핸드폰 문자로 진찰받을 날짜를 알려주는 방법 등을 제시했다. 우리 에이전트들 중에는 병원 인근의 동사무소로 달려가 주민 연령별 분포도나 지역의 통계자료 등을 구해 의사에게 제공하는 이도 있었다. 병원 운영에 관한 자료로 유용하게 쓰이길 바란다는 말과 함께 말이다.

물론 이러한 제안들이 모두 받아들여지지는 않는다. 그러나 세일즈맨이 병원을 위해서 함께 고민하고, 고객을 생각하고 있다는 동질감을 줄 수는 있다. 실제로 이런 상황이 몇 번 반복되고 나니 의사는 마음을 열고 우리의 말을 잘 들어 주었다.

나만의 경쟁력을 만들자

소개는 말 그대로 지인의 소개를 받아 세일즈를 하는 방식이다. 고객에게 지나치게 친밀감을 표시하다가 역효과가 나는 경우도 있지만, 가장 편하고 보편적이며 효과적인 영업 방식이기도 하다. 세일즈맨으로서도 심리적 안정감을 가질 수 있다. 베테랑 세일즈맨도 대개는 개척보다 이 방법을 선호한다. 그러나 인맥이 바닥날 경우 금방 한계가 드러난다는 사실을 잊지 말아야 한다.

사람마다 자기에게 맞는 방식이 따로 있을 수 있으므로 어떤 방법이 좋다고 말하기는 어렵다. 그러나 자신의 성과나 생산성이 한계에 봉착했을 때는 기존의 방식만 고집하면 문제를 돌파하기 어렵다. 그런 돌파 전략으로 내가 에이전트들에게 제시했던 방법 중의 하나가 '세미나 형식'의 영업이었다. 무작위 대상이라서 홍보가 제대로 되지 않으면 실패할 확률도 높았다. 그렇지만 남들이 하지 않는 방식을 통해 성과를 냈을 때 내적 성취감은 물론이고 자신만의 차별화된 경쟁력을 확보할 수 있게 된다. 여러 명의 고객을 한꺼번에 상대하는 세미나 방식은 1대1 영업보다 생산성을 획기적으로 높이는 계기가 되었다. 많이 알려져서 지금은 특별히 새로울 것은 없지만 우리는 좀 더 체계화하고 차별화함으로써 여전히 상당한 성과를 올리고 있다.

정보 수집에 소홀할 경우의 위험

이번엔 FF(Fact Finding, 정보수집)의 방법을 살펴보자. 고객과의 만남에서 정보 수집이 안 될 경우 매우 불안한 상황에 처하게 된다. 의지와는 달리 고객의 마음을 상하게 하는 일까지 생기기도 한다.

종신보험을 계약하기 위한 상담을 할 때의 일이다. 고객이 사망 할 경우 남은 가족에게 최소한의 안정을 보장해 주는 상품의 취지로 시작해 한창 설명을 진행하던 중 고객의 안색이 크게 바뀌었다. 그렇지만 나는 무엇이 잘못 되었는지 짐작조차 못했다.

"저 … 이혼했거든요. 그만 나가주세요."

결혼은 벌써 했을 나이였고 아이도 있어 보여 종신보험을 권하던 차였다. 고객에 대한 정보를 전혀 모르고, 섣부른 짐작만으로 고객을 대한 결과였다. 처음부터 아는 척 하며 덤비지 말라는 말을 후배 에이전트들에게 수도 없이 했던 나였다. 나 자신에게도 화가 났지만 그거야 반성하고 다음부터 고치면 될 문제였다. 그렇지만 고객의 상처는 돌이킬 수 없는 일이었다. 그때 자만심이 얼마나 무서운 결과를 초래할 수 있는지 절실하게 깨달았다.

나는 고객을 차별해서는 안 되지만 차등을 두는 것은 불가피하다고 믿어 왔다. 저마다의 사정과 성격이 다르기 때문이다. 그러나 고객에 관한 정보가 전무하다면 어떠한 원칙도 통하지 않는다. 상대의 상처를 건

드려 실패하는 경우 그 후유증은 쉽게 잊기 어렵다.

고객과의 만남은 불가피하게 고도의 심리전 성격을 띠게 된다. 함께 행복해지는 win-win의 결말을 맺으려면 고객에 대한 충분한 이해와 진심에서 출발해야 한다. 그 무엇보다도, 기본을 소홀히 해서 고객의 마음을 해치고 우리도 불행해지는 lose-lose의 경우가 되지 않도록 경계해야 한다.

사람을 대할 때는 불을 대하듯 하고, 다가갈 때는 타지 않을 정도로, 멀어질 때는 얼지 않을 만큼만 하라. — 디오게네스

8

선택과 집중의 마법을 활용하라

●

모든 면에서 평균적인 수준을 유지하면 중간은 간다라는 말은 옛말이 되어, 뛰어나지 않으면 바로 망하는 시대가 되었다. 한두 가지라도 괴짜 소리를 들을 정도로 특별한 자신만의 무기를 만들어야 한다. 리더십과 조직 관리도 마찬가지다. 인재 전쟁 (War for Talent)이 더욱 더 치열해지는 상황에서 최고의 인재들이 모이는 기업이 되려면 백화점식 인사관리로는 안 된다. 특히, 소수의 '슈퍼 인재'를 확보하고 유지하는 일이 더욱 중요해지고 있는 최근의 추세로 비추어 볼 때, 조직의 분명한 색깔을 유지하거나 특색있는 회사로 만드는 일은 더욱 더 중요해졌다.

인사에서의 선택과 집중. 이는 한 마디로 '관심은 평등하게, 대우는 차별적으로'라는 표현으로 요약할 수 있다. 사실 모든 에이전트가 특별하고 소중하다. 조직 구성원 모두가 자신이 특별히 관심과 애정을 받는다고 생각할 수 있는 분위기 조성이 필요하다. 사람은 유일한 존재로 인정받을 때, 누군가 자신을 알아봐 줄 때 신의를 다한다.

그러나 성과는 사람마다 다르고 직무 만족도도 다를 수밖에 없다. 모든 문제에 다 관여하다 보면 리더의 에너지는 고갈되게 마련이다. 한정된 에너지를 누구에게 쓸 것인가 잘 선택하고 '집중'해야 한다. 그렇지 않으면 리더도 지치고 조직도 평범한 수준으로 전락한다. 그래서 조직을 책임지는 리더에게 결단력은 매우 중요한 자질이다.

구성원을 성공으로 이끄는 방법

내가 조직 구성원들을 성공으로 이끌기 위해 첫 번째로 하는 것은 주인정신을 심어주는 일이다. STAR MGA의 주인은 구성원 모두이다. 나는 이 점을 늘 강조한다. 앓아누운 주인이 열 머슴 몫을 한다는 말이 있다. 나는 '수처작주(隨處作主) 입처개진(立處皆眞)'이라는 구절을 좋아한다. 이 말은 '가는 곳이 어디든 주인이 되어야 한다. 서 있는 자리가 어디든 진실되게 마음을 다해야 한다'는 뜻이다.

나는 구성원들에게 쉬운 일보다 다소 어려운 임무를 부여한다. 녹록하지 않은 일을 해냄으로써 주인정신을 배울 수 있기 때문이다. 에이전트를 위한다고 쉬운 일만 시킨다면 나약하게만 만들 뿐, 그는 결코 주인정신과 참 된 성취감을 느낄 수 없다.

주인은 시키는 일만 하는 사람이 아니라 스스로 일하는 사람이다. 시시콜콜 지시에 따르는 사람이 아니라 주어진 과제를 알아서 처리하는 사람이다.

구성원 모두가 주인이 되기를 바라는 마음 때문에 나는 지시 사항에 대해 재차 언급하지 않는다. 자기 스스로가 주인인 이상 과제 해결 방식이나 마감 기한 엄수는 온전히 그의 몫이다. 나는 독촉하거나 간섭하지 않는다. 다만 결과물을 보고 말한다. 결과가 좋지 않더라도 그가 성의를 다해 일했다면 더 이상 따지지 않는다. 자기 자신이 주인이기 때문이다.

조직 구성원들을 성공으로 이끄는 두 번째 방법은 성과를 숫자로 표현하는 것이다. 숫자에는 묘한 힘이 있다. '최우수상', '우수상', '장려상'보다는 '1등', '2등', '3등'이 명확하게 와 닿는다. 숫자는 경쟁심을 불러일으키고 성취욕을 고취시킨다. 성과가 분명한 숫자로 표현될 때 비로소 경쟁이 시작된다. 경쟁의식은 우리의 승부욕을 자극한다. 스스로 분발하게 만든다. 경쟁이 없는 사회는 발전이 없다. 구성원들이 선의의 경쟁을 하지 않는 조직은 성장하지 못한다.

조직 구성원들을 성공으로 이끄는 세 번째 방법은 화합하는 조직 문화를 만드는 것이다. 젊은 세대일수록 조직이나 사회, 공동체보다는 자신을 중시한다. 자라면서 조직과 팀워크에 대해 배울 기회도 귀하니 조직에 대한 애정도 없고 결속력과 협동심이 부족한 경우가 많다. 조직에 대한 애정이 없으니 그 안에서 파벌을 만들기 쉽다. 그렇게 되면 다 같이 실패한다. 개인의 역량과 조직의 역량을 함께 키워야 한다.

그러기 위해 무엇보다 중요한 것은 동료들과 함께 나아갈 수 있는 비전을 공유하는 일이다. 공동의 목표를 향해 결속해 나아갈 때 폭발적인 에너지가 생기기 때문이다. 그럴 때 구성원들이 서로를 협력자이자 동지로 볼 수 있는 안목이 생긴다. 구성원 개인도 혼자일 때보다 여럿일 때 목표 달성에 훨씬 큰 에너지를 발휘한다.

리더는 구성원 개인과 개인 사이에 숨어 있는 갈등, 조직 내부의 무성한 루머, 팀과 팀 사이의 알력 등에 대해 알고 있어야 한다. 문제를 파악했다면 그 다음은 문제를 해결하면 된다. 우리 지점도 역시 한때 이와 같은 문제를 갖고 있었다. 해결의 실마리는 '시스템'이었다. 업무와 역할 분장을 통해 서로 의존하고 도와줄 수밖에 없도록 만들었다. 동료의 성과가 내 성과로 이어지는 시스템, 나의 이익과 너의 이익이 상충하지 않는 시스템이 화합하는 조직 문화 형성에 크게 기여했다.

마지막으로, 조직 구성원들을 성공으로 이끌기 위해서는, 내가 성공하려면 먼저 남을 도와야 한다는 점을 깨달을 수 있도록 해야한다. 먼저 나의 성공과 행복이 중요한 만큼 남의 행복과 성공도 중요하다는 점을 아는 것이 중요하다. 그러면 내가 동료를 돕고 그 동료는 또 내게 힘이 되는 선순환 구조가 만들어진다. 결국 남에게 도움을 주는 것은 내 마음 속에 행복을 심는 일이다. 우리 조직의 구성원들은 나의 일 너의 일, 우리 팀 너희 팀 구분 없이 자기가 힘이 될 수 있다면 발 벗고 나서서 도와주는 기풍이 확립되어 있다. 그러한 문화 속에서 개인들은 몇 배의 에너지를 발휘할 수 있음을 느낀다.

조직의 리더에게는 함께할 사람과 함께하지 못할 사람을 선별하는 안목과 결단력도 필요하다. 앙케이트를 통해 각자의 만족도를 체크 해보면 구성원들의 의식 구조를 쉽게 알 수 있다. 결과를 살펴보면 '매우 만족'과 '만족'은 단 1점 차이다. 사소해 보이나 대단히 중요한 차이다. '만족'이나 '보통'이 아니라 '매우 만족'하는 사람에게 돈이든 마음이든 집중해야 한다. 매우 만족하는 고객이나 에이전트는 키맨이 될 가능성이 높다. 리더 개인의 에너지는 한정되어 있다. 따라서 합당한 선택과 효과적인 집중만이 성과를 증폭시키는 마법을 만들어 낼 수 있다.

자신을 믿어라. 자신의 능력을 신뢰하라. 겸손하지만 합리적인 자신감없이는 성공할 수도 행복할 수도 없다. — 노먼 빈센트 필

9

언제나 VIP를 만날 수 있도록 용모를 가꿔라

●

미국 캘리포니아대 심리학과의 알버트 매러비안 교수는 실험을 통해 사람의 첫 인상을 결정하는 요소들 중에서 시각적 요소가 55퍼센트, 청각적 요소가 38퍼센트, 언어적 요소가 7퍼센트의 영향을 미친다는 사실을 밝혀냈다. 즉, 그 사람이 어떤 내용의 말을 하느냐 보다는 용모와 옷차림새가 첫 인상에 더 결정적 영향을 미치는 셈이다.

고객과의 커뮤니케이션과 고객 설득이 주 업무인 세일즈맨이 매력과 신뢰를 발산하는 가장 빠른 통로는 용모다. 당신은 다른 사람들에게 어떤 인상을 주는가? 좋은 인상을 주기 위해 당신은 어떤 방법을 동원하는가? 주변 사람들이 갖고 있는 당신의 인상이 당신 스스로가 원하는 인상과 일치하는가? 조금 더 직접적으로 말해 당신은 매력적인 인상을 풍기는가? 유능해 보이는 인상을 풍기는가?

이를 위해 반드시 비싼 장신구나 가식이 필요한 것은 아니다. 자신의 고유한 잠재력과 외적인 모습을 바람직하게 조화시킬 수 있도록 자신에 맞는 헤어스타일을 찾고, 결점을 보완하고 장점을 부각시키는 옷차림을 전략적으로 준비해야 한다. 언제 어느 때라도 VIP를 만날 수 있도록 용모에 신경을 쓰는 것은 고객에 대한 배려이자 자신에 대한 배려이다.

옥동자의 용모 극복 성공기

면접을 보는 날이었다. 문을 열고 들어오는 한 남자를 보고 나는 깜짝 놀랐다. 개그맨 '옥동자'를 빼닮은 얼굴에 마구 자란 머리, 등산복에 운동화 차림이었다. 등에는 배낭까지 짊어지고 있었다. 면접용 의상으로는 파격이었다. 그는 개성이 강했고, 긍정적이고 유쾌했다. 그를 채용하기로 결정한 다음 용모에 대해 조언했다. 나는 그가 잘되기를 바랐다.

"머리부터 짧게 깎으세요."

불쾌하게 들릴 수도 있는 말이었지만 그는 알았다고 대답했다.

입사 후 그는 변신을 거듭해 나갔다. 피부 관리를 받기 시작했고 어울리는 헤어스타일을 찾아냈다. 결점을 보완하고 장점을 부각하는 옷차림을 할 줄 알게 되었다. 그는 깔끔하고 세련된 외모로 금융 전문가다운 용모를 갖추었다. 이미지가 바뀌면서 실적도 높아졌고, 챔피언까지 했다. 지금은 수억 원대의 연소득을 올리고 있다.

나는 신입사원들에게 용모부터 가꾸라고 강조한다.

'쫙 빼 입고 가서 말만 잘 하면 계약할 수 있습니다.'

단순한 우스갯소리가 아니다. 많은 세일즈맨들의 경험에서 나온 솔직한 이야기이다. 낯선 사람을 만났을 때 우리는 상대방의 생김새, 차림새를 보고 그 사람을 평가한다. 제일 먼저 눈에 들어오기 때문이다. 보이지 않는 것은 알 수 없다. 고객에게 호감을 줄 수 있는 외모, 신뢰를 줄 수 있는 옷차림이 중요한 이유다.

외모에 대한 관심은 자기관리의 시작이다. 흐트러진 용모는 자기 관리를 하지 않는다는 가장 명백한 증거다. 길거리의 행려를 보자. 그들의 차림새는 그들의 정신 상태를 그대로 반영한다. 실제로 정신 분열증의 주요 증세 가운데 하나는 자기 외모에 대한 무관심하다. 사람을 많이 대하는 직종에 있는 사람들은 외모만 보고도 그가 무슨 일을 하는지 알 수 있다.

세일즈맨에게는 특히 외모가 중요하다. 세일즈맨은 서류가 아니라 사람을 상대하기 때문이다. 커뮤니케이션과 설득이 업무의 핵심이다. 그때 매력을 발산하는 가장 빠른 통로가 외모다. 언젠가 양복을 입은 대리 운전기사를 만난 적이 있다. 정장을 한 기사가 왠지 믿음이 갔고 팁을 주고 싶어졌다. 단정하고 상황에 맞는 차림새는 고객에 대한 예의이자 서비스이다. 보다 깨끗한 얼굴, 보다 멋진 옷에 대한 추구는 무엇보다 고객을 위한 첫 번째 의무다.

고객은 단정한 용모의 세일즈맨과 만나고 싶어 한다. 아마추어가 아니라 프로와 상담하고 싶어 한다. 그들은 신뢰가 가는 전문가의 말을 듣고 싶어 한다. 고객의 마음을 열려면 외모부터 점검해야 하는 까닭이다. 자신이 초라하게 느껴질 때가 있다. 그때 멋지게 차려 입어 보면 많은 것이 달라진다. 우선 자신감이 회복된다. 지위가 높거나 부유한 고객을 만날 때도 있다. 가장 좋은 옷을 꺼내 입으면 위축되기 쉬운 마음을 잡아주고 좀 더 당당하게 대할 수 있다. 나는 초기 세일즈맨 시절부터 좋은 시계를 차고 다녔다. 내 나름대로 자신감을 얻기 위한 하나의 방법이었다. 별 것 아닌 듯 보이는 이러한 장치가 병원장이나 변호사 등 사회적 리더 층을 만날 때 많은 도움이 되었다.

치아를 교정하고 시력 교정 수술을 받기도 했다. 인상이 한결 좋아졌다. 두꺼운 안경을 벗으니 눈이 커 보였다. 고른 치아를 드러내며 크고 자신 있게 웃을 수 있었다. 이제 외모도 능력이고 경쟁력이다. 흔히 외면보다 내면의 아름다움이 중요하다고 한다. 옳은 말이다. 그러나 이를 겉으로 드러난 모습이 중요하지 않다는 말로 해석해서는 곤란하다. 내면을 가꾸듯 외모도 가꿔야 한다.

세일즈맨은 강사보다 말을 잘 해야 한다. 강사는 일방적으로 의사를 전달하지만 세일즈맨은 양방향 커뮤니케이션을 한다. 때문에 훨씬 노련한 기술이 필요하다. 그 기술에는 말의 내용뿐만 아니라 형식도 포함된다.

의사 전달의 형식인 목소리가 중요하다. 억양과 속도, 크기가 적절해야 한다. 어떤 목소리로 전달하느냐에 따라 메시지가 달라지기 때문이다. 논리적이고 상세한 설명보다 결정적인 한 단어가 고객의 마음을 움직인다. 그 단어를 결정적으로 만드는 건 목소리다. 목소리에 담긴 당신의 진심이다. 기어드는 목소리로 어눌하게 말하는 사람에게는 아무도 설득 당하지 않는다. 그의 말이 논리적이고 그의 말이 진심이어도 마찬가지다. 목소리 톤이 낮은 사람은 실적도 낮다. 자신감이 없어 보이기 때문이다. 그러니 세일즈를 하려면 발성 연습부터 할 필요가 있다.

가급적 목소리는 밝고 높아야 한다. '솔' 음에 해당하는 목소리는 고객의 마음을 밝게 만들어주고, 긍정적으로 생각하게 한다. 잘 되는 가게가 시끄럽고 에너지가 넘치듯, 고객은 당신의 목소리가 높아질 때 열정을 느끼고 에너지를 전달받는다.

또한 웃음은 성공을 불러온다. 웃으면 건강해진다. 우울한 사람의 얼굴을 손과 기구를 동원해 억지로 웃는 모양의 표정으로 바꾸어 놓으면 실제로 몸 안의 호르몬이 유쾌한 상황과 비슷한 상태로 변한다는 실험 결과가 있을 정도이다. 과학적인 연구가 아니더라도 누구나 웃음의 효과를 알고 있다. 웃고 나면 기분이 좋아진다는 사실을 모르는 사람은 없다.

누구나 재미있는 사람을 좋아한다. 잘 웃는 사람에게는 사람들이 몰려든다. 웃음은 상대의 마음을 여는 열쇠다. 웃음으로 부드러워진 분위기에서 계약도 더 잘 이루어진다. 세일즈맨인 당신은 당장 웃는 연습을 해야 한다.

몸짓은 눈에 호소하는 언어다. 때로는 언어보다 강력하다. 확신에 찬 말보다 무언의 손짓 하나가 더 효과적일 수 있다. '안 됩니다'라고 말하는 대신 상대의 눈을 바라보며 팔로 X자 표시를 해보면 어떨까? 의외로 효과가 크다. 거울을 보고 상황에 따른 몸짓을 연습할 필요가 있다.

단, 몸짓은 자연스러워야 하고 꼭 필요할 때만 써야 한다. 자주 사용하면 역효과가 난다.

강연을 성공으로 이끄는 것은 강연 내용뿐만 아니라 강사의 몸짓이다. 손짓, 표정 등 적절한 몸짓은 청중을 집중시키고 감동하게 만든다. 대화할 때도 마찬가지다. 몸짓을 사용하면 설득이 보다 쉬워진다. 말할 때 자신감이 생긴다. 가슴은 당당하게 펴고 굳은 얼굴도 풀고 대화에 임해야 한다.

표정과 눈빛도 몸짓이다. 턱을 치켜들거나 표정이 굳어 있어서는 안 된다. 눈빛은 살아있어야 한다. 사람은 신념을 표현할 때 눈이 커질 뿐 아니라 목소리도 높아지고 빨라진다. 의도한 바는 아니지만 확실히 효과가 있다.

스킨십도 중요하다. 악수나 어깨 두드리기, 손을 대거나 스치는 정도의 접촉이 필요하다. 단, 이성 간에는 미소로 충분하다. 스킨십은 호감을 표시하고 친밀감을 쌓는 좋은 방법이다. 살짝 닿는 정도의 가벼운 스킨십이 강한 스킨십보다 훨씬 효과적이다. 부담 없이 누구나 좋아한다.

태도, 매너, 격조, 명예도 가치를 창출한다. 예의범절도 경쟁력이 된다. 나는 원래 편해지면 말이 짧아지는 편이었다. 어쩔 수 없는 성격이라고 여겼고, 상대방이 이해 못하면 그만이라고 생각했다. 하지만 이제는 생각이 바뀌었다. 가까울수록 예의를 지키라는 말이 와 닿았기 때문이다.

친밀한 사이든 어려운 사이든 예의를 지키지 않으면 관계 유지가 어렵다. 격의 없음과 예의 바름 사이의 미묘한 차이를 잘 조절해야 한다. 예의는 내 가치를 높이는 길이기도 하다. 누구나 예의 바른 사람을 좋아한다. 이미 갖고 있는 것들에 예의를 덧붙여 팔아야 한다. 나의 부가가치가 높아짐은 물론이다.

기회는 작업복을 입고 찾아온 일꾼처럼 보여서 사람들 대부분이 이를 놓치고 만다. — 토머스 에디슨

10
인테리어도 마케팅이다

●

나는 사무실을 옮길 때마다 비용이 많이 들더라도 한눈에 공간 전체를 바라볼 수 있도록 탁 트인 공간을 연출한다. 사무실의 구조도 최대한 미적이면서 현대적인 감각을 살려 디자인하기 위해 투자를 아끼지 않았다. 이유는 두 가지였다. 첫째는 오래 머물고 싶은 공간을 만들자는 것이었고, 둘째는 다시 오고 싶은 장소가 돼야 한다는 의도에서였다. 공간을 쾌적하게 정리하려고 노력할수록 인간의 생각이나 의욕도 개선될 가능성이 높아진다. 궁극적으로 사무실을 행복한 공간으로 연출하는 것이 이익 창출을 위한 마케팅의 일환이라는 게 나의 생각이다. 공간이 쾌적하면 마음도 쾌적해진다. 반대로 공간이 우울하면 마음도 우울해진다는 것 역시 누구나 인정하는 사실이다. 공간의 혁명을 통해 마음의 혁명을 일으킬 수 있다.

인터넷 기업 구글의 사무실은 공간별로 마치 놀이터나 카페 같으며, 어느 집의 예쁜 거실 같이 꾸며 놓는다. 자유로운 분위기와 그 속에서의 토론을 통해 '애드센스' 등 여러 가지 중요한 구글의 사업 아이디어가 만들어지고 있다.

어느 날 A영화사에서 전화가 왔다. 사무실을 영화 촬영 장소로 제공할 수 있느냐는 문의였다. 사무실의 디자인이 독특하다고 들었다며 허락을 구했다. 우리는 흔쾌히 동의했지만 건물 주인이 난색을 표해 결국 무산되었다. 그 영화의 제목은 〈괴물〉이었다.

나는 우리 사무실의 실내 디자인이 영화사 측에 알려져 섭외의 대상이 되었다는 것이 기분 좋았다. 지금은 더 넓고 쾌적한 새 사무실로 옮겨 왔지만 당시 사무실의 디자인이 사람들의 관심을 끈 것은 사실이었다. 비용이 좀 더 들더라도 미학적이고 실용적인 공간에서 일을 하자는 게 나의 생각이다. 때문에 당시 주변의 만류를 뿌리치고 한눈에 사무실을 바라볼 수 있도록 탁 트인 공간을 연출했고, 사무실의 구조도 최대한 미학적이면서 현대적인 감각을 살려 디자인했다. 사무실을 찾는 사람들마다 칭찬을 아끼지 않았다.

어지럽고 지저분한 공간에서 능률이 오를 리 없다. 정신을 혼란하게 만드는 공간에서 창조적인 생각이 나오기 어렵다. 공부를 잘하는 학생들의 책상은 뭐가 달라도 다르다는 게 내 생각이다. 책과 공책 그리고 여러 가지 문구들이 잘 정리된 공간과 그렇지 않은 책상의 차이는 학생들의 학습 욕구에 차이를 만든다. 마찬가지로 다시 찾고 싶고, 오래 머물고 싶은 공간이라야 고객이 다시 찾을 것이며, 이는 매출 향상으로 이어질 것이다.

옛날에 〈수사반장〉이란 드라마에서 본 도둑의 심리에 관한 재미있는 일화를 기억하고 있다. 도둑이 현관문을 들어설 때 신발이 가지런히 놓여 있으면 잘 들어가지 않고, 어지럽게 널려 있으면 바로 안방으로 쳐들어가 돈을 내놓으라고 윽박지른다는 것이었다. 정리 정돈이 잘 되어 있으면 집 주인이 돈 간수도 잘 하기 때문에 돈을 빼앗기 어렵고, 집안 정리를 못하는 사람은 돈도 소중히 보관하지 않기 때문에 그만큼 빼앗기 쉽다는 얘기였다. 어울리는 비유는 아니지만 공간을 쾌적하게 정리할수록 인간의 생각이나 의욕도 개선될 가능성이 높아질 수밖에 없다.

공간뿐만이 아니라 사람도 마찬가지다. 세일즈맨은 신뢰를 생명으로 삼는다. 신뢰를 얻기 위한 세일즈맨의 노력은 끝이 없어야 한다. 옷차림도 전략이라는 광고 문구를 상기할 필요가 있다. 멋있는 외모는 아니더라도 항상 옷을 깔끔하고 단정하게 입고 다니는 사람에게 더 신뢰가 간다. 단정하게 옷을 입자면 옷의 다림질에 신경을 써야 할 것이다. 그러자면 옷을 다리는 데 시간과 노력을 투자하게 되며, 부지런을 떨지 않으면 안 되기 때문이다. 부지런한 사람에게 신뢰가 갈 수밖에 없다. 외모는 출중한데 항상 구두가 더러운 사람을 볼 때 실망감을 감출 수가 없다. 구두를 항상 깨끗하게 유지하려면 역시 시간과 노력이 투자되어야 한다.

공간과 옷차림에 대한 투자도 세일즈맨으로서는 필요한 덕목이다.

과소비를 하라는 말이 아니다. 최소의 노력으로 다시 찾을 공간을, 다시 찾을 사람을 만들자는 것이다. 쾌적한 공간과 쾌적한 옷차림을 추구하는 것은 마음의 인테리어를 최적화 하는 일이며, 이러한 노력은 분명 목표와 이익을 창출하는 효과적인 마케팅이라 불러도 좋을 것이다.

3

절대 긍정 제3법칙 ● 프로페셔널

상품을 팔지 말고,
고객과 연애하라

11
우리는 태어나는 순간 부모를 상대로 세일즈한다

●

보통은 세일즈 마스터가 되려면 외모와 입담을 타고 나야 한다고 생각하기 쉽다. 그러나 그것들은 가지고 있으면 좋은 부수적인 조건에 불과하다. 세일즈 세계에서는 아무리 열정과 성실성으로 완벽하게 무장한다해도, 언제든 가장 무능한 존재로 추락할 수 있다. 구매 또는 계약을 판단하고 결정하는 것은 바로 고객이기 때문이다.

그런 비즈니스에서 가장 무서운 것은 고객의 거절이 아니라 무관심이다. 거절이야 말로 고객의 자연스런 반응이며 나의 제안에 관심을 갖는다는 의사 표시다. 그래서 세일즈 마스터가 되고 싶다면 설득의 명수가 되기 전에 먼저 거절을 유연하게 처리하는 '거절의 명수'가 돼야 한다. 그렇기 때문에 거절에 대해 낙심할 것이 아니라 먼저 관심을 갖고 상대의 관점에서 이해하려고 노력해야 한다. 이 때 유용한 것이 접시 닦기에서 일류호텔의 경영자가 된 아브라힘 엘피키의 '거절을 극복하는 황금률 7가지'이다.

1)먼저 거절하는 고객의 말을 경청한다. 2)거절의 이유를 이해하고 고객의 다음 말을 예상해본다. 3)고객의 입장에 동조한다. 4)거절 이유를 알기 위해 분명하게 물어본다. 5)거절 이유를 고쳐 말한다. 6)대안을 제시해본다. 7)고객의 의사를 다시 확인한다.

첫 계약의 순간

교육 후 실전에 나선 첫날, 첫 상담을 나는 잊을 수 없다. 입사 후 나는 세일즈에 필요한 교육을 받고 바로 현장에 투입되었다. 막상 세일즈를 시작하려니 아는 사람도 많지 않고 막막했다. 가망 고객의 이름을 적어 내려가는데 목록을 만들고 보니 그 수가 얼마 되지 않았다. 그 가운데 고객이 될 가능성이 제일 높은 사람을 먼저 찾아갔다. ROTC 동기로 꽤 친한 친구였다. 그 친구라면 두말없이 계약을 해줄 것 같았다. 그 동안의 우정을 생각해서라도 계약서에 흔쾌히 사인을 해주리라 기대했다. 그러나 그 기대는 보기 좋게 무너지고 말았다.

"내가 왜 계약을 해야 되는데?"

친구는 냉정하게 말했다.

예상 밖의 반응에 섭섭한 생각이 앞섰다. 순간적으로 배신감마저 들었다. 잠시 마음을 가다듬은 나는 생각을 바꿨다. 필요한 상품이면 계약을 하고 그렇지 않으면 계약하지 않는 것은 고객의 당연한 권리였던 것이다. 친구의 질문은 당연한 것이었다. 정실에 기대 세일즈를 하려던 나의 프로답지 않은 태도가 부끄러웠다.

"계약하지 않아도 돼. 단, 부탁이 있어 내 얘길 객관적으로 평가해 줘. 네 재정 포트폴리오를 만들어왔으니 내가 이걸 잘 설명하고 상품 소개를 잘 하는지 듣고 솔직히 말해주면 돼."

그동안 교육받은 대로, 세일즈 프로세스에 따라 성의를 다해 상담을 진행했다. 상담을 끝냈을 때 등허리로 굵은 땀 한 줄기가 흘러내렸다. 결국 친구는 나의 첫 고객이 되어주었다. 친구는 말 대신 행동으로 나를 평가해 주었다.

세일즈맨으로서 처음 받은 친구의 퉁명스런 질문은 내게 귀한 깨달음을 주었다. 고객은 자신이 무얼 원하는지 정확히 모를 때가 더 많다. 드럼 세탁기가 나오기 전까지는 드럼 세탁기를 원하지 않고, 컴퓨터가 나오기 전까지는 컴퓨터의 필요성을 모른다. 나는 적절한 상품을 제시해 그것이 왜 필요한지 일깨워 주었고 그렇게 그의 니즈를 환기시켰다.

또한 머릿속에 생각은 있으나 실천하지 못하는 부분을 지적해 행동에 옮기도록 독려해 주었다. 친구는 미래를 걱정하고 노후에 대비해야 한다고 생각하고는 있었지만 어떤 준비도 없었다. 나는 그가 당장 실천을 할 수 있도록 도와주었다. 결국 친구는 상담이 많은 도움이 되었다며 고마워했고 내게 자신의 지인들을 소개해 주었다. 친구가 소개해 준 사람들에게 전화를 걸고 약속을 잡았다. 새벽 2시까지 고객을 만나고 다니는 바쁜 날들이었다. 집에 돌아오면 파김치가 되기 일쑤였지만 고객을 만나는 일이 즐거웠다.

첫 계약의 추억은 친구의 냉정한 거절로 시작했으나 결과적으로 설득을 통해 성사시켰다는 점에서 오래 기억에 남는다.

세일즈의 쓴맛과 단맛

그날도 병원을 찾아가 접수부터 했다. 치료를 받을 목적은 아니었지만 진료권을 끊었다. 나는 의사에게 진료비를 내고 의사는 내게 시간을 할애했다. 스스로 좀 더 당당할 수 있었다. 진료실로 들어갔다. 간호사들은 상냥했고 의사도 친절했다. 이야기가 잘 풀릴 것 같은 느낌이 들었다.

"어서 오십시오. 어디가 불편해서 오셨습니까?"

마스크를 쓴 의사가 내게 물었다.

"예, 실은 불편해서 온 게 아닙니다. 저는 메트라이프코리아의 김성환이라고 합니다."

내가 명함을 건넸지만 그는 받지 않았다. 태도가 돌변했다. 내가 뭐라고 대꾸하기도 전에 그는 나를 밀쳐냈다.

"보험 팔러 왔소? 당신 지금 남의 병원에 와서 진료 방해하고 있는 거야. 여기가 어디라고 허락도 없이. 나가요! 아침부터 재수 없게."

서슬 퍼런 그의 태도에 황급히 병원을 나올 수밖에 없었다. 그날 이후 마스크 쓴 그의 얼굴이 머릿속에서 지워지지 않았다. 살아오면서 본 가장 무서운 얼굴이었다. 나는 한동안 의기소침해졌다.

개척 세일즈를 하다 보면 잡상인 취급을 받고 내쫓기거나 험한 말을 듣고 마음을 다치는 경우가 허다하다. 승낙보다는 거절을 당하는 때가 훨씬 많은 게 세일즈이다. 100명을 찾아가면 그 가운데 반응을 보이는 경우는 많아야 7명에 불과하고 계약이 성사되는 경우는 7명중에서도 약 20퍼센트, 즉 1.5명에 그친다.

세일즈는 예측 불허하다. 친절한 치과 원장은 인정사정 봐주지 않았고, 믿었던 친구는 1만 원짜리 계약 하나 들어주지 않았다. 생각지도 않았던 사람이 고객이 되어주기도 하고, 예측하지 못한 일로 계약이 성사되거나 해지된다. 그래서 더 긴장되고 그래서 더 흥미롭다.

고객 가운데 한의사가 있었다. 지인도 아니고 소개를 받은 분도 아니었다. 개척한 경우였는데, 여섯 번을 찾아가 설득한 끝에 어렵게 계약을 성사시켰다. 그로부터 7개월 후 그가 심장마비로 갑자기 사망하는 일이 벌어졌다. 종신 보험에 든 상태였기 때문에 가족에게는 3억 원이 지급되었다.

보험금이 지급되고 얼마 지나지 않아 고인의 부인으로부터 전화가 걸려 왔다. 나는 다시 한 번 조의를 표하고 위로의 말을 전했다. 부인이 대답했다.

"정말 고맙습니다. 오늘은 감사 인사를 하려고 전화했습니다. 덕분에 아이들 데리고 살 수 있게 되었어요."

사랑하는 가족을 잃고 슬픔에 잠긴 이들에게 보험금이 가장의 역할을 대신할 수는 없다. 그 상처도 씻어주지는 못한다. 그러나 슬픔을 딛고 일어서는데 심리적으로나 경제적으로 최소한의 버팀목은 될 수 있음을 느꼈다. 고인 역시 하늘에서 고마워하고 있으리라는 생각에 가슴이 뭉클했다. 고객이 사망한 첫 사례, 여러 가지로 많은 생각을 하게 해준 경험이었다. 교육 시간에 항상 들어왔던, '보험은 가족사랑'이라는 말을 실감할 수 있었다. 금융 상품을 다루는 많은 비즈니스맨들이 있지만 고객의 아픔을 함께 하고 유가족의 눈물을 닦아줄 수 있는 역할로서 보험 세일즈맨이 가진 특별한 사명과 가치가 있다. 내 일에 대한 책임감도 커지고 보람도 느꼈다. 세일즈에 대한 확신도 더욱 굳건해졌다.

입사하고 첫 달, 나는 모두 60건의 계약을 했다. 전국 1위였다. 이후로도 오랫동안 내 실적은 3위 아래로 떨어지지 않았다. 나는 늘 전국 1, 2위를 다투는 스타 에이전트가 되어 있었다. 입사한 지 6개월 후에는 한국 최연소로 MDRT(100만 달러 원탁회의)를 달성했다. 이후 MDRT보다 세 배 높은 실적을 달성해 탑 세일즈맨의 위치를 공고히 했다. 물론 빚도 갚고 집도 장만했다.

12
연애하기 싫으면 세일즈를 포기하라

●

나는 에이전트를 뽑을 때 같은 조건이면 연애를 잘하는 사람을 우선적으로 뽑는다. 세일즈는 특히 연애와 아주 닮았다. 세일즈의 기본자세는 내가 거절을 당해도 당당하게 다가가는 자신감이다. 연애 능력 또한 실연을 경험하면서 성장한다.

세일즈는 내가 먼저 고객에게 다가가는 것이다. 연애 역시 머릿속으로 생각만 하지 말고 적극적으로 다가가는 용기가 필요하다. 세일즈는 부지런히 자기계발을 하고 시간을 잘 활용해야 하며 약속 시간은 생명이다. 연애 역시 자기계발은 필수이며 타이밍을 적절히 활용해야 한다. 세일즈는 연고 영업보다 개척 영업에서 프로와 아마추어의 차이가 벌어진다. 연애 역시 낯선 곳에서 어떻게 능동적으로 인연을 만들어 가느냐에서 고수와 하수의 차이가 드러난다.

연인을 얻기 위해 에너지를 집중해 본 사람만이 고객을 확보하기 위해 열정을 쏟을 수 있다. 연애를 잘 하는 사람들은 감수성이 풍부하다. 상대의 마음을 이해하는 능력이 탁월하고 감성이 발달되어 있다. 이러한 자질이 고객을 상대할 때 어떤 무기가 될 지 세일즈맨인 당신은 분명히 알 것이다.

신입사원 면접을 볼 때 빼놓지 않고 하는 질문이 하나 있다.

"애인 있습니까?"

나는 모든 고객은 여자와 같다고 생각한다. 때문에 연애 잘 하는 사람을 좋게 평가한다. 연애를 잘 하는 사람이 세일즈도 잘 하기 때문이다. 여자의 마음을 잘 읽는 사람이 고객의 마음도 잘 읽는다. 여자를 감동시킬 줄 알아야 고객도 감동시킬 수 있고, 여자에게 진실한 사람이 고객한테도 진실하다. 또한 여자를 제대로 사랑할 줄 아는 사람이 고객도 제대로 사랑할 수 있다. 따라서 가급적 연애 잘 하는 사람을 뽑는다. 연인을 얻기 위해 투자했을 그의 노력을 높이 평가한다. 수많은 경쟁자를 물리치며 분투하는 과정에서 얻었을 그의 연애 노하우를 신뢰한다. 긍정적일 것, 감수성이 풍부할 것, 거짓이 없을 것, 포부가 클 것 등과 더불어 나만의 또 다른 인재 선발 기준은 '연애를 잘할 것'이다.

"부인과는 연애 결혼하셨습니까?"

면접 보는 이는 예상 밖의 질문에 대부분 당황하지만 나로서는 파악해야 할 핵심적인 요소 가운데 하나다. 연애를 잘 하는 사람들은 열정적이다. 열정 없이는 연애를 할 수 없다. 세일즈는 결코 만만한 일이 아니다. 움직이지 않으면 실적이 나오지 않는다. 성과가 낮으면 보상도 적고 심리적으로도 위축되기 마련이다. 때로는 모욕을 감수하고 좌절도 겪어야 한다. 세일즈 세계에서 중도포기자가 속출하는 이유는 바로 그런 것이다. 열정이 없으면 세일즈를 지속할 수 없다. 연인의 마음을 얻기 위해 에너지를 집중해 본 사람만이 고객을 확보하기 위해 열정을 쏟을 수 있다.

그뿐만 아니라 연애를 잘 하는 사람들은 대부분 감수성이 풍부하다. 공감 능력이 탁월하고 감성이 발달되어 있다. 여자에게 공감할 수 있고 여자의 감수성을 건드릴 수 있다. 그들은 여자라는 전혀 이질적인 존재를 이해하려고 노력한다.

경남 합천 지역의 62~65세 여성들은 타 문화에 대한 이해력과 수용력이 젊은이들 수준으로 높다고 한다. 외국인 며느리를 맞아들이면서 자연스럽게 형성된 개방성이 아닐까 싶다. 이런 다문화가정에서 자란 아이들은 미래에 우수한 인재가 될 가능성이 높다. 내가 20년 후 베트남에 지사를 설립한다면 하버드에서 베트남을 전공한 엘리트가 아니라 베트남과 한국을 동시에 이해하는 다문화가정 출신 인재를 뽑을 게 분명하다. 그들은 상이한 두 문화에 대한 감수성을 갖고 있기 때문이다.

연애를 잘 하는 사람들은 커뮤니케이션 능력 또한 뛰어나다. 여자의 언어를 올바로 이해하고 자신의 의사를 정확히 전달하는 것이다. 잘못을 했으면 바로 인정하고 사과하며 오해가 생기면 설득력 있게 해명한다. 그뿐만 아니라 말로 표현되지 않는 여자의 마음을 읽고 적절히 대처할 줄 안다. 세일즈의 달인은 연애 박사와 다르지 않다. 물론 인재 선발 기준이 연애 한 가지는 아니다. 다른 모든 조건이 같다면 무조건 연애 잘 하는 사람을 뽑을 것이라는 말이다. 이런 기준으로 직원을 뽑은 지금까지 단 한 번도 실패한 적이 없다.

세일즈를 알아야 인생을 알게 된다. 나는 누구나 사는 동안 한 번은 세일즈를 해봐야 한다는 신념을 가지고 있다. 나는 나와의 인연으로 세일즈에 입문한 사람 그리고 내가 선발한 에이전트들이 성공 가도를 달리는 모습을 보면 커다란 자부심을 느낀다. 내가 선택한 사람들로 하여금 그들의 인생에서 세일즈를 경험토록 했다는 데 커다란 자긍심을 가지고 있다.

나는 세일즈 현장에서 한 발 물러나 리쿠르팅에 집중하면서 많은 깨달음을 얻게 되었다. 그것은 돈으로 살 수 없는 큰 보람이었다. 부지점장이 되면서 4억 원대였던 연 소득이 월 350만 원으로 떨어졌던 적이 있다. 스스로 자청한 일이었다. 연 수입은 예전 수입의 10퍼센트로 떨어졌지만 내게 일을 하는 최고의 목적은 돈이 아니었다.

성공적인 리쿠르팅으로 나는 또 한 번 능력을 입증하고 싶었다. 그리고 이 과정을 통해 나는 자신의 능력을 회의하는 데 에너지를 낭비 하지 않고, 앞만 보고 뛸 수 있는 에너지를 얻을 수 있었다.

나는 누구나 욕심 낼만한 인재인 그를 결코 놓치고 싶지 않았다. 오래 전부터 그를 스카우트하기 위해 공을 들여왔다. 때문에 그가 다른 금융 기업에 입사하기로 결정했다는 소식을 듣게 된 나는 당장 그에게 달려가지 않을 수 없었다.

절박한 심정을 숨긴 채, 가벼운 담소 후 그와 함께 찻집을 나왔다.

"제가 댁까지 모셔다 드리겠습니다."

나의 자동차로 그를 안내했다. 노련한 운전기사처럼 정중히 차 문을 열고 사장석으로 그를 안내했다. 룸 미러에 비친 그의 표정은 흡족해 보였다. 당시 나는 입사 2년 만에 부지점장으로 발령이 나면서 유능한 인재를 선발하는 데 총력을 기울이고 있었다. 지난 2년간 세일즈 현장에만 전념해온 나로서는 낯선 도전이었다.

"이렇게 깨끗한 차는 처음 봅니다. 클래식 음악도 좋군요."

그를 국가 원수 못지않은 VIP로 최선을 다해 모신다고 생각했으므로 주의 깊게 차를 몰았다. 그리고 자연스럽게 대화를 이끌어갔다. 우리 조직만의 차별성에 대해 이야기했고, 최고의 실적을 자랑하는 우리 지점의 장점과 비전에 대해 설명했다. 그렇게 그를 영입하고 싶다는 바람을 전했다. 그것이 오늘의 용건이었다. 그러나 그는 단호했다.

"저는 이미 갈 곳이 정해진 사람입니다."

물론 나도 그 사실을 알고 있었다. 그래서 그를 만나러 온 것이었다. 나는 핸들을 꺾었다. 그러자 그가 물었다.

"왜 이 길로 가십니까?"

"더 이야기를 나누고 싶어서 일부러 돌아가는 겁니다."

먼 길을 우회해 그의 집 앞에 도착했을 때, 나는 다시금 노련한 운전기사가 되어 정중하게 차 문을 열어 주었다. 차에서 내린 그는 결국 함께 일 하자는 나의 제안을 받아들였다. 마침내 오랫동안 원하던 사람을 얻는 순간이었다. 결국 해냈다는 희열이 가슴 가득 차올랐다.

그는 입사 후 기대 이상의 성과를 이어갔다. 훗날 그는 그때 나의 말과 행동에 감동하여 불과 두 시간 만에 마음을 바꾸게 되었노라고 귀띔해 주었다. VIP로 정중하고 예의를 다하는데 감동하지 않을 사람은 없다. 실제로 그는 내게 VIP였다. 조직에 꼭 필요한 인재만큼 중요한 사람은 없다. 모든 인재는 귀빈이고, 요인이다. 귀한 손님을 모시듯 모셔 와야 하고 중요한 인사를 대하듯 극진히 대해야 한다. 그것이 나의 리쿠르팅 원칙이다.

부지점장과 지점장의 가장 중요한 업무 중 하나도 리쿠르팅이다. 처음에는 세일즈에 발휘되었던 나의 기량이 리쿠르팅에서도 빛을 발할 수 있을지 의문이 들었다. 내게는 새로운 자신감이 필요했다. 적어도 세일즈와 리쿠르팅은 본질적으로 같다는 깨달음을 얻기 전까지는 그랬다.

가망 고객을 만났을 때 계약을 성사시키기 위해서는 설득이 필요하다. 우수한 인재를 만났을 때 그를 채용하기 위해서도 역시 설득이 필요하다. 나는 내가 파는 상품의 가치를 의심하지 않았고 내가 하는 일의 전망을 믿었다. 내가 강하게 확신하는 만큼 남을 설득할 자신 또한 있었다.

하루에 열다섯 명 이상 지원자 면접을 보았고, 뛰어난 능력의 소유자들을 스카우트했다. 어떤 인재들로 조직을 구성하느냐에 따라 조직의 성과가 달라진다. 리쿠르팅을 하는 주체는 사람을 보는 눈과 우수한 인재를 놓치지 않겠다는 집요함이 필요하다. 나는 검증된 인재를 적극적으로 스카우트하고, 신인의 경우 경험과 직관, 오감을 동원하여 발굴해 냈다. 자질이 높은 인재를 선별하는 데 긴 대화나 많은 시간이 필요하지는 않다. 눈빛은 말보다 깊고, 표정이 곧 그의 마음을 대변하기 때문이다. 면접 현장에서의 태도가 지원서에 적힌 이력보다 정확한 정보를 준다는 게 나의 생각이다.

세일즈 현장에서 겪은 수천 명의 사람들이 나의 안목을 높여 주었다. 그렇게 선발한 인재들이 뛰어난 성과를 이루어내면서 나의 안목에 대해 더욱 자신할 수 있었다. 자연히 리쿠르팅에 속도가 붙었다. 최단기간에 22명을 채용해 리쿠르팅 부문에서도 전국 챔피언이 된다. 그뿐만 아니라 내가 선발한 다수의 에이전트들이 연소득 1억 이상을 달성했다. 부지점장으로 있었던 초기에는 전국 3,000명의 에이전트 가운데, 실적 1위부터 20위 사이의 인재 14명이 모두 우리 지점에 소속되어 있기도 했다. 우리 지점에 가장 실적이 저조한 에이전트가 다른 지점 최상위 그룹과 같은 수준이라는 사실만 봐도 당시의 성과를 짐작할 수 있다. 전국 부지 점장들 중 최연소라는 기록을 세운 스물아홉 살 때의 일이었다. 좋은 인재들과 연애한 결과였다. 이런 값진 결과를 통해 나는 내 자신을 새로운 자신감으로 가득 채울 수 있었다.

13
모든 고객은 금성에서 온 여자다

•

변덕스런 고객에 대해 나는 두 가지 작전을 짠다. 하나는 맞불작전이고 다른 하나는 상대를 철저하게 '금성에서 온 여자'로 규정하고 그에 맞춰 대비함으로써 위기를 극복하는 방법이다. 고객과의 관계에서 변화무쌍한 여자 마음을 헤아릴 수 없어 애태우는 젊은 남자의 역할을 나는 기꺼이 맡는다. 그럴 때 나는 여자에게 사랑을 고백하는 장면을 상상하며 두 가지를 점검한다. 우선 점검하는 사항은 마음이 진실한가 하는 부분이다. 내가 외롭기 때문에, 아니면 저 여자를 유혹해서 어떻게 해 보려고 하는 고백은 십중팔구 실패하고 만다. 이때 너무 상투적인 표현은 피하고 내가 왜 상대를 좋아하는지를 구체적으로 말하는 것이 중요하다. 그 다음은 상대방에 대한 배려이다. 이 부분은 많은 사람들이 놓치기 쉬운 포인트다.

첫 고백에서 바로 Yes나 No를 요구하지 말아야 한다. 자칫하면 상대가 가지고 있던 약간의 관심마저 없애버릴 수 있다. 성급하게 굴지 말고, 앞으로 또 만나서 얘기할 기회를 달라고 요청하는 것이 좋다. 이는 자신에 대해 좋은 인상을 가지고 있다는 것을 확인하는 행동이며, 상대가 시간과 여유를 갖고 스스로 판단하도록 배려하는 태도이다.

변덕스런 고객을 상대하는 방법도 이와 똑같다. 결국 계약을 결정하는 것은 고객이므로 상대방이 이 모든 대화의 중심에 있어야 한다는 점을 잊지 말아야 한다.

흔들리는 고객에 대한 맞불작전 성공 사례

H원장의 전화를 받은 건 계약 4개월째 되던 때였다. 보통 이 시기에 고객으로부터 걸려오는 전화의 70~80퍼센트는 해약 의사를 밝히는 내용이었다. 예감이 좋지 않았다.

"개인적인 사정으로 불가피하게 해약해야겠는데, 좀 만납시다."

역시나 불길한 예감은 틀리지 않았다.

"제가 곧 찾아뵙겠습니다."

당시 나의 계약 유지율은 97.3퍼센트였다. 높은 유지율이었지만, 내게는 100퍼센트를 달성하겠다는 목표가 있었다. 게다가 H원장이 해약한다면 그 달에는 실적 1위 자리를 포기해야만 했다. 더 이상 계약 철회가 나와서는 안 되는 상황이었다. 조급한 마음으로 H원장의 내과를 향해 차를 몰았다.

병원에 도착하여 대기실 의자에 앉았는데 맞은편의 여자가 유난히 눈에 띄었다. 윤기 흐르는 새카만 머리에 피부가 깨끗한 미인이었다. 고급스런 느낌의 베이지색 투피스에 날렵한 갈색 구두를 신고 있었다.

환자가 나오자 그 여성이 진료실로 들어갔다. 아무리 생각해봐도 환자처럼 보이지는 않았다. 순간 나는 깨달았다. 원장은 그 여성과 계약하기 위해 나와의 계약을 철회하려는 것이었다. 해약 이유로 개인 사정을 들었지만 그것은 핑계였던 것이다. 그녀는 단정한 용모만큼이나 당당해

보였다. 나도 그녀만큼 단정한 용모를 하고 있었지만 최고의 강적을 만났음을 직관적으로 깨달았다.

나는 병원 밖으로 나와 휴대폰을 꺼내 들었다.

"안녕하세요. 저 김성환입니다."

"아, 성환 씨."

H원장 사모님의 음성에서 반가움이 묻어났다. 일찌감치 점수를 따놓은 덕분이었다.

"원장님이 개인적인 문제로 해약하시겠다고 해서 병원에 왔습니다. 사모님께서도 해약할 생각이신지 여쭈려고 전화 드렸습니다."

"아니오. 처음 듣는 소리인데요."

계약 금액이 큰 종신보험은 대개 배우자의 동의를 얻어 계약 하는 경우가 많았다. H원장도 계약 금액이 큰 편이어서 해약을 할 때 부부 두 사람의 동의를 얻어야 하는 상황이었다. 그러나 내가 전화한 목적은 해약을 막아달라는 지원 요청을 하기 위함이었다.

"사모님과 상의하지 않으셨단 말입니까? 원장님의 독단이셨군요."

"기다리세요, 지금 내가 병원으로 갈 테니."

얼마 지나지 않아 사모님이 병원 문을 열고 나타났다. 그 순간 나는 구세주를 만난 듯했다. 마침 진료실을 나오던 그 여성과 원장 부인의 눈길이 날카롭게 부딪쳤다. 결과적으로 H원장은 부인의 반대로, 기존 것을 해약하고 새로운 계약을 하려는 시도를 하지 못했다. 나의 전략은 유효했다. 막강한 지원군을 끌어들인 나의 통쾌한 승리였다. 여기서 한 가지 놀라운 것은 내게 실패를 안겨 줄 뻔했던 상대 에이전트의 태도였다. 그녀는 매력적인 미소를 지으며 다가와 경쟁자인 내게 자기 회사 상품을 적극 권했다. 프로다운 태도라는 생각이 들었다.

그날의 일을 계기로 나는, 고객은 '화성에서 온 남자'이거나 '금성에서 온 여자'와 같다는 결론을 내렸다. 마치 다른 남자에게 애인을 빼앗길 뻔한 사내처럼, 떠나려는 연인을 겨우 붙잡고 안도하는 남자가 된 듯한 심정으로 가슴을 쓸어 내렸다.

얼마 전까지만 해도 유익한 상품을 소개해줘서 고맙다고 했던 고객이 불과 몇 달이 지나기도 전에 이런 저런 핑계를 얘기하며 변심했다. 나는 고객의 마음을 도무지 이해할 수 없었다. '내가 무얼 잘못했을까? 행복과 기쁨을 주지 못했나? 내가 너무 무심했나?' 여러 생각이 머릿속을 맴돌았다. 도무지 알 수 없는 고객의 마음, 그것은 흔들리는 갈대와 같다. 이를 계기로 나는 다시 한 번 점검하고 반성하고 다짐했다. 세일즈에도 연애의 기술이 필요하다는 것을 절감하는 순간이었다.

고객을 토라지는 애인이라고 생각하라

어느 순간 나는 고객을 모두 여성이라고 생각하면, 거절당하더라도 상처 받지 않을 수 있다고 생각했다. 세상의 모든 여자가 내게 반할 수는 없다. 우리는 종종 도도해서 말도 못 붙일 것 같은 여성, 내게 전혀 관심 없는 여성에게 끌리는 경우가 있다. 그런 여성에게 접근했을 때 거절당하는 것은 어쩌면 당연하다. 상처 받을 일이 아닌 것이다.

나를 거들떠보지도 않고 가시 돋친 말로 나를 거부한다 해도 의기소침해 할 필요가 없다. 상대는 여성이기 때문이다. 베일에 싸여 있는 신비한 존재, 다른 별에서 날아온 전혀 다른 인류인 셈이다. 거부당한 것은 단지 내가 그 여자를 이해하지 못했기 때문이다. 따라서 여성에게 다가가는 첫걸음은 여성이라는 나와 다른 존재에 대해 이해하는 것이다.

여성을 대할 때는 목적이 아니라 진심을 가지고 대해야 한다. 접근하는 이유가 돈 때문이어서는 안 된다. 그저 좋아서, 그녀를 알고 싶어서, 그녀와 친해지고 싶어서 다가가야 한다. 여자는 자신에게 다가오는 상대가 나를 진심으로 좋아하는지, 아니면 다른 불순한 의도로 접근하는지 쉽게 파악한다.

고객을 돈으로 보지 않을 때 고객을 사랑할 수 있다. 사랑하는 여자를 있는 힘껏 지켜주고 싶듯 고객에게 진심으로 다가가면, 힘이 되어주고 싶고, 도움을 주고 싶어진다. 하여 스스로에게 주문을 걸 필요가 있다. '고객의 미래에 도움이 될 상품을 꼭 소개하고 싶다', '내가 가진 유익한 정보를 고객에게 알려주고 싶다', '나를 만났으니 고객은 반드시 성공하게 되어 있다', '내가 도와줄 것이기 때문이다', '나는 고객의 성공을 간절히 소망한다'와 같은 주문을 스스로에게 걸어야 한다. 이런 마인드가 없다면 세일즈는 실패하고 만다.

많은 사람들은 여전히 세일즈에 대한 부정적인 인식을 가지고 있다. 대부분 오해에서 비롯된 것이다. 그러나 그 책임은 세일즈맨들에게도 있다. 고객을 진심으로 대하지 않은 책임이다. 고객을 수입원으로만 본 까닭에 상품 설명에 정직하지 못한 경우가 많다. 특히 보장되지 않는 부분에 대해 있는 그대로 이야기하지 않는 경우가 그렇다.

진심으로 고객을 대하되 다른 한편으로는 밀고 당기는 심리전이 반드시 필요하다. 상대를 확실한 내 고객으로 만들 수 있는 전략이 필요하다. 때로는 바쁘다고 팅기고 문자 메시지에 답장을 하지 않고 화도 낼 수 있어야 한다. 탐색기의 연인 사이에 흐르는 팽팽한 긴장은 둘 사이의 열정을 달궈주는 중요한 요소다.

그렇다고 상대가 마음에 든다고 무작정 좋다고 달려들어서는 안 된다. 아무리 손을 잡고 싶어도 대뜸 손부터 잡으면 역효과가 난다. 공적인 얘기부터 시작해 사적인 대화로 나아가야 한다. 가벼운 이야기로 시작하는 것이 좋다. 칭찬하되 얼굴이 예쁘다가 아니라 스카프 색상이 좋다 혹은 옷차림이 세련되었다는 말부터 시작하면 좋다.

단, 호감을 표시하되 지나치면 좋지 않다. 프로세스의 완급을 잘 조절해야 한다. 인기를 얻으려면 먼저 인기를 얻겠다는 생각부터 버려야 한다. 인기를 얻겠다는 생각을 갖고 있으면 금방 속내가 드러나기 마련이다. 내실을 기하고, 뻔한 생각이 아니라 독자적인 생각을 가져야 하고, 매력적인 가치관을 지녀야 한다.

무엇보다 당당해야 한다. 스스로 못났다고 생각하는 사람은 연애도, 세일즈도 할 수 없다. 스스로 자신을 '잘 나가는 세일즈맨'이라고 믿어야 한다. 그러기 위해서는 성공한 세일즈맨처럼 행동하면 된다. 고객은 능력 있는 세일즈맨을 원한다. 이왕이면 잘나가는 에이전트와 상담하고 계약하고 싶어한다.

때로는 선물도 필요하다. 선물은 마음의 표시이기 때문이다. 고객이든 여자든 마음을 드러내 보여줄 때 커뮤니케이션이 되는 관계로 발전할 수 있다. 고객과 세일즈맨 사이에 원활한 소통이 가능하다면 그 안에서 얼마든지 신규 고객이 발생할 수 있다. '기존 고객 관리를 잘해야 신규 고객도 생긴다'는 것은 이러한 맥락에서 하는 말이다.

사랑 받으려면 사랑해야 한다. 그 사랑은 마음뿐이어서는 곤란하다. 표현하고 실천하는 진짜 사랑이어야 한다. 여성을 행복하게 해주지 못하는 남자는 사랑받지 못한다. 마찬가지로 고객을 행복하게 해주지 못하면 세일즈에 실패한다. 진정한 연애는 목숨을 걸어야 하고, 세일즈 또한 마찬가지이다.

성공을 자축하는 것도 중요하지만 실패를 통해 배운 교훈에 주의를 기울이는 것이 더 중요하다. – 빌 게이츠

14

실패에서 배우지 않으면 실패한다

●

실패에도 법칙이 있다. 이른바 '1:29:300의 하인리히 법칙'이다. 1번의 대형 사고가 발생했을 경우 이미 그 전에 유사한 29번의 경미한 사고가 있었고, 그 주변에서는 300번의 이상 징후가 감지됐다는 실증적 법칙이다. 사람은 누구나 실패를 두려워하고 그래서 숨기고 싶어 하며 우연적인 것으로 간주해 위안을 삼고 싶어 한다. 그러나 작은 실패를 숨기지 않고 철저하게 분석하여 교훈을 삼지 않으면 더 큰 실패로 이어지고 결국에는 회복 불능의 타격을 받는 재앙으로 이어지게 된다. 하인리히 법칙은 바로 큰 실패 이전에 나타나는 작은 전조를 파악해 적절하게 대응함으로써 큰 재난을 예방하는 것의 중요성을 분명하게 보여준다. 미국 미시간 주의 앤아버(Ann Arbor)에는 실패작들을 모아놓은 실패 박물관이 있을 정도이다. 미국의 실패학 권위자 로버트 맥메스가 40년에 걸친 연구와 수집 끝에 1990년 설립한 실패 박물관에는 식료품에서 가정용품에 이르기까지 7만여 점에 이르는 다양한 실패작들이 전시되어 있다고 한다.

비즈니스맨들도 한 달에 한 가지 실수에서 하나의 교훈만 확실히 배울 수 있다면 적어도 1년에 12가지의 노하우를 확실하게 자기 것으로 만들 수 있다. 그렇게 몇 년만 실천하면 누구도 따라오기 힘든 달인의 경지에 오를 수 있을 것이다.

내 인생 최대의 시련기

승승장구하던 내게 시련의 시기가 닥쳤다. 고객도 충분한 설명을 듣고 분명하게 계약 의사를 밝힌 터라 마음을 놓았던 것이 화근이었다. 작은 절차를 정확히 지키지 않은 것이 원인이 된 것이다.

결국 나는 영업정지와 3개월 무보수의 징계를 받게 되었고, 함께 일한 팀장도 같은 징계를 받게 되었다. 3개월 무보수라니, 게다가 나와 함께 일하며 열심히 따라 준 팀장도 같은 징계에 처할 생각을 하니 암담했다.

우리로서는 조금이라도 더 고객을 위하려고 한 행동이었는데 그 진의가 인정을 받기는커녕 징계라니. 세일즈를 시작한 이후 최대의 시련이었다. '아무리 고객이 왕이라고 해도 심성이 고약한 왕에게도 불문곡직하고 충성을 맹세해야 하는 것일까?' 별의별 생각이 다 들었다.

영업 정지는 치명적이었다. 내가 받은 충격도 충격이려니와 에이전트들의 사기는 말이 아니었다. 궂은일을 마다하지 않고 나를 뒷받침해 준 에이전트들의 고통에 마음이 아팠다. 그러나 우리의 본래 의도야 어찌되었든 규정에 어긋나는 부분이 있었으니 책임을 져야 했다.

나는 그로 인해 생긴 문제를 모두 인정하고 수용하기로 마음먹었다. 위기를 통해 확실한 교훈을 배워야 한다는 데 생각이 미쳤다. 실패에서 배우지 않으면 그때야말로 정말 실패한다는 평소의 신념을 고수하기로 했다. 그래서 나는 크게 다음의 4가지 원칙을 실행하기로 다짐했다.

첫째, 일체 핑계를 대지 말자. 본사든, 이를 문제 삼는 쪽이든, 심지어 내부의 다른 에이전트들에게도 구차하게 변명을 늘어놓아 남을 탓하고 스스로를 비관할 필요가 없다고 결심했다.

둘째, 모든 책임을 지자. 영업 손실은 말할 것도 없고, 가족의 생계를 꾸리는 일이 막막한 것은 사실이었지만 무한대로 책임을 감당하기로 마음먹었다.

셋째, 더 이상 관행을 따르지 말자. 기존의 술 잘 먹고 말만 잘하는 영업 방식에서 벗어나 실력으로 인정받는 영업 노하우를 창조적으로 개척하자고 다짐했다.

넷째, 실패에서 배우지 않으면 정말 실패한다는 점을 되새기자. 지금의 상황을 실패라고 확실히 인정하고 잘못된 점을 개선하지 않으면 실패는 반복된다는 점을 잊지 말기로 다짐했다.

그러나 다른 것은 다 포기해도 포기할 수 없는 것이 하나 있었다. 바로 고객이었다. 고객은 언제든 변할 수 있다는 사실이다. 우리의 능력과 실력이 부족할 때 고객은 차라리 변해야 한다. 우리를 끊임없이 긴장시키는 고객. 그런 면에서도 고객은 왕이다.

실패는 왜 실패가 아닌가

실패를 개선하지 않으면 정말 실패로 귀결된다. 영업 정지와 3개월 무보수를 하루라도 경험해 본 사람은 다시는 실패하지 않겠다고 다짐할 수밖에 없다. 상황이 어렵거나 고단하다고 느낄 때 나는 습관처럼 성공한 사람들의 자서전이나 그에 관련된 책을 본다.

한가해진 시간을 틈타 나는 평소에 읽던 책들과 다이어리를 펼쳤다. 실패와 관련된 사례나 문장들을 찾아내기 위해서였다. 그러나 의외였다. 우리나라 사람들은 성공한 사례에서만 희망과 꿈을 얻는 것인지, 실패를 딛고 일어나서 다시 성공했다는 내용은 책에서 찾아보기 어려웠다. 그래서 다이어리에 제일 먼저 적은 문장은 다음과 같았다.

'실패에서 배우지 않으면 실패한다 – 김성환'

생각보다 그럴 듯했다. 나는 인터넷 서점을 이용하여 '실패'라는 이름을 달고 출간된 책들을 살펴보기 시작했다. 하지만 실패라는 이름을 달고 출간된 책이 별반 없었다. 그나마 가장 눈에 띄는 것이 정주영 회장의 자서전『시련은 있어도 실패는 없다』였다. 나는 잠시 망설였다. 출간된 지 오래된 책이고, 20세기의 성공스토리가 과연 21세기에 먹힐 수 있을까라는 의문이 들었다. 그래도 책을 구매해서 다 읽었다. 처음의 걱정은 기우였다. 시대가 변해도 진실은 통하게 마련이었다.

책의 내용을 대표하는 두 단어는 '근면'과 '신용'이었다. 내가 하는 일에서 가장 필요한 덕목이었다. 최근의 실패가 다름 아닌 고객에게 신용을 잃은 결과라는 생각에 이르자 가슴이 아팠다. 특히 고(故) 정주영 회장이 꿈을 향해 나아가는 마음을 다지기 위해서 김구 선생과 나폴레옹의 자서전들을 탐독했다는 대목에 가슴 깊이 공감했다.

실패와 관련된 단어만 보이면 여기저기서 찾아내어 다이어리에 메모를 하기 시작했다. 다시는 실패하지 말자는 의지가 나를 재촉했는지도 모른다.

롱펠로는 '종종 우리들은 한 사람의 덕보다도 실패에서 많은 것을 배울 것이다'라고 말했다. 포프는 '실패하는 것은 인간이고, 그것을 관용하는 것은 신이다'라고 말했고, 푸슈킨은 '실패에는 달인이라는 것이 없다. 사람은 누구나 실패 앞에서는 범인이다'라고 말했으며, 스마일즈는 '우리들은 성공보다 오히려 실패에서 많은 지혜를 배운다'고 했다.

모르는 사람이 없을 정도로 많이 알려진 속담도 있다. '실패는 성공의 어머니'라는 말이 바로 그것이다. 영국 속담에는 '넘어져야 안전하게 걷는 법을 배운다'는 말과 '타인의 실패는 좋은 스승'이라는 말도 있다고 한다. 내가 처한 상황에서 이보다 더 핵심을 짚어내는 가르침은 없었다. 실패를 겪어 상황이 불리하면 한 걸음 뒤로 물러나는 것도 필요하다는 사실을 깨달았다. 그런 면에서 '36계'의 마지막 계책 '주위상(走爲上)' 즉, 불리하면 도망치라는 뜻의 의미도 몸으로 배우게 되었다.

영업정지를 당한 기간에 다른 회사로 옮긴 사람도 있었으나 나는 도

망가고 싶지 않았다. 자주 옮겨 심은 나무는 깊게 뿌리내리지 못한다는 평소의 내 신념을 따랐다. 실패를 이기려면 문제점을 개선하면 된다. 내게는 실패를 딛고 명예를 회복하자는 뚜렷한 목표가 있었다. 길게 보면 눈앞의 실패는 실패가 아니었다.

15

상품이 아니라 미래를 팔아라

●

'당신은 고객에게 무엇을 팝니까?' 비즈니스를 정의할 때 가장 많이 하는 이 질문은 잘못된 질문이다. 고객은 계약을 통해 상품이나 서비스를 사는 것이 아니라 자신의 필요, 결핍, 불확실성이란 자신의 문제를 해결하고자 한다. 상품이나 서비스는 문제 해결 과정에 필요한 하나의 부품일 뿐이다. 이 점을 모르면 '디자인이 좋은데, 성능이 좋은데, 가격이 싼데 왜 안 팔릴까'라는 상투적인 실패자의 생각에서 벗어날 수 없다.

애플 컴퓨터의 아이팟은 최고의 첨단 기술도 아니고 최초의 MP3플레이어도 아니었으며 가장 저렴한 제품도 아니었다. 스티브 잡스는 언제 어디서나 음악을 듣는 문화를 즐기고 싶어 하는 고객의 니즈를 간파하고, 이미 있던 기술과 서비스를 미려한 디자인과 새로운 개념의 음악 서비스로 묶어내서 최적의 솔루션을 제공함으로써 선풍을 일으켰다.

세일즈맨 역시 상품만 팔아서는 세일즈 마스터가 될 수 없다. 그 상품에 발생할 수 있는 미래의 문제에 대비할 수 있는 솔루션을 담아서 팔아야 한다. 진심을 담아 그들의 미래를 아름다운 그림처럼 설계해줘야 한다.

미래의 그림을 보여줘라

오래 전, 코닥의 창업자 조지 이스트먼(George Eastman)이 세일즈 직원들에게 물었다.

"코닥이 파는 상품은 무엇입니까?"

직원들이 대답했다.

"카메라요."

"아닙니다."

"필름입니다."

"틀렸습니다."

"그러면 사진인가요?"

이스트먼은 이번에도 고개를 저었다.

"모두 틀렸습니다. 우리가 파는 것은 추억입니다."

금융 관련 세일즈맨들에게 중요한 것은 수익률이다. 많은 금융 상품이 수익률을 내세워 광고하는 것에서 알 수 있듯이 그럴 수밖에 없는 환경과 구조를 가지고 있다. 이와 달리 나는 보험 세일즈맨은 미래의 그림을 그려주는 사람이라고 생각한다. 고객의 나이, 재정 상태, 인생의 목표에 따라 재무 설계를 해준다. 질병이나 사망 등 인생의 리스크를 관리하도록 돕고 재테크의 방법을 알려준다. 어느 시점에 어떻게 쓸 것인지 목적을 가지고 돈을 불리도록 돕는다.

만약 20대라면 사회생활 초년기이므로 목돈 준비를 시작해야 할 때다. 적은 금액이라도 꼬박꼬박 저축하도록 도와주고, 노후 준비보다는 목돈 마련에 초점을 맞춰 설계해준다. 보장성 상품은 적은 보험료로 최대한 보장을 받을 수 있는 것을 추천한다.

30대는 가정을 이루는 시기이므로 가족을 생각해야 한다. 기존 보험으로 배우자와 자녀를 보호할 수 있는지 점검한다. 미혼이라면 결혼 자금을, 기혼이라면 가족 부양과 자녀 교육, 주택 구입 등 재무 목표에 맞는 설계를 해준다. 그리고 본격적인 노후 준비도 돕는다.

40대는 지출이 가장 많은 시기이며 질병과 사망 위험도 높아지는 시기이다. 기존 보험을 분석해 보장이 부족한 부분을 채워주어야 한다. 은퇴 후를 위해 연금 상품도 증액 하도록 도와야 한다.

20~30년 후 연금을 타기 위해서는 4~5퍼센트 금리로 운영할 수가 없다. 그 대안으로 변액 보험 등을 통해 적합한 재산 증식과 절세의 방법 등도 알려주어야 한다.

보험 세일즈맨은 이와 같은 내용을 '제대로' 설명해야 한다. 단순히 숫자만을 따지기보다는 고객의 미래 모습을 그림으로 보여주어야 한다. 수익률 몇 퍼센트, 보장 내용 얼마라는 숫자와 더불어 미래의 모습을 이미지화해 제시해야 한다.

당신의 노후는 든든한가

선진 금융 기업의 견학을 위해 얼마 전 유럽에 다녀왔다. 틈틈이 이름 난 관광지도 돌아보았다. 고급 레스토랑에 가고 좋은 공연을 관람하고 부유층이 드나드는 카지노에도 갔다. 한 가지, 내가 놀랐던 것은 가는 곳마다 노인들이 많았다는 점이다.

아름다운 곳이나 맛있는 곳, 즐거운 곳에는 예외 없이 노인 커플들이 있었다. 은은한 촛불 아래 와인 잔을 부딪치는 이들은 젊은 연인이 아니라 은발의 노부부들이었다. 호수를 가르는 유람선 위, 다정히 어깨를 껴안고 만년설을 바라보는 커플도 노부부였다. 유럽의 노인들은 아름다운 경치와 고급 요리, 달콤한 휴식을 향유하고 있었다.

우리나라의 노인들이 떠올랐다. 한국의 좋은 곳에는 젊은 연인뿐이었다. 여유로운 여행, 멋진 식사, 낭만적인 시간은 젊은이들의 전유물이다. 우리나라의 노인들은 은퇴 후 어떤 삶을 살고 있을까?

유럽인들이 은퇴 후 풍요로운 삶을 누릴 수 있는 비결은 연금에 있다. 매월 꼬박꼬박 지급되는 연금으로 인생을 즐긴다. 은퇴했으니 더 이상 일하지 않아도 되고, 일하지 않아도 고정적인 수입이 있다. 돈 모으느라 아등바등 살 필요도 없고 돈이 없어 걱정할 필요도 없으니 여생 동안 멋지게 돈 쓰는 일만 남았다.

물론 젊은 날 열심히 일한 덕분에 받을 수 있는 혜택일 거다. 수입의

절반을 연금에 넣으며, 은퇴 후 삶을 설계하고 준비한 덕분이다. 그렇다면 우리는 노후 준비를 어떻게 하고 있을까?

최근 외국계 기업 임원을 만났다. 월 1,500만 원의 급여를 받고 있었다. 부인도 다른 외국계 기업 임원으로서 소득도 같은 수준이었다. 부부의 월 소득이 약 3,000만 원임에도 불구하고 월 20~30만 원대 상품을 원했다. 최소한 월 200만 원은 연금으로 준비해야 한다고 조언했다. 부부는 그것도 많다고 했다. 해외 유학파에 엘리트 계층인 이들 부부의 노후 문제에 대한 인식이 어쩌면 대한민국 중년들의 준비 상태를 대변하는 것인지 모른다.

언젠가 우리의 준비 없는 노후대책에 대해 미국의 한 영향력 있는 금융전문가가 했던 말은 정확했다.

"한국의 가장 큰 문제는 노후 준비가 안 되어 있다는 점이다."

'내가 몇 살까지 얼마나 벌 수 있는가? 은퇴 후에는 얼마나 필요한가?' 계산기만 두들겨 보면 금세 나온다. 그에 맞춰 대책을 마련해야 한다. 그러나 아무도 그렇게 하지 않는다.

부동산보다는 동산(動産), 동산 중에서도 연금에 초점을 맞춰야 한다. 연금 제도가 발달한 선진국은 점차 많이 내고 덜 받는 체제로 가고 있다. 우리도 그렇게 갈 것이다. 공적 연금만으로는 미흡하기 때문에 사적 연금을 적극 활용해야 한다.

그러나 우리는 아직 연금보다 부동산을 선호한다. 토지나 상가 구입으로 노후를 대비하려 한다. 은퇴 후 연금으로 생활하는 노년층을 접하기 힘들기 때문에 그런 것인지도 모른다. 60대에 갓 접어든 의사를 만난 적이 있다. 그는 경찰로 은퇴한 친구가 제일 부럽다고 했다. 자신은 아직 일에서 벗어나지 못한데다 수입은 예전 같지 않다고 했다. 그러나 그의 경찰 친구는 은퇴해 즐겁게 살고 있다고 했다. 여행 다니고 취미 생활하면서 친구들 만나면 돈도 제일 잘 쓴다면서 부러움을 감추지 못했다. 그의 친구는 공무원 연금을 받는 덕에 그런 생활이 가능한 것이었다.

노후에 땅이나 집을 소유하고 있으면 든든하다. 그러나 수중에는 현금이 없다. 땅을 팔아서 여행을 다니는 노인은 없다. 집을 팔아서 생활비로 쓰는 노인도 없다. 노인들은 절대로 부동산을 팔지 않는다. 부동산은 유일한 재산이며, 자존심을 지키는 최후의 보루이기 때문이다. 게다가 유산 문제로 복잡한 상황을 겪을 위험도 완전히 배제할 수는 없다.

반대로 부동산은 없어도 연금을 받는 노인들은 늘 돈이 있다. 자녀들에게 용돈을 바라지 않는다. 오히려 그들에게 용돈을 준다. 그들은 자존감이 있고 당당하다. 자녀들로서는 부양의 무거운 부담을 지지 않아도 된다. 선물을 들고 오는 노부모의 방문은 언제나 대환영이다. 그들은 부모의 장수를 기원한다.

우리가 노후 준비를 못하는 가장 큰 이유가 자녀 교육비 때문이다. 부모는 자녀를 위해 모든 자원을 투자한다. 그 결과로 노후에는 자녀의 짐이 되는 모순된 상황에 처한다. 아무도 바라지 않는 상황이다. 최근 5

년간 60세 이상의 자살 인구가 전체의 30.3퍼센트로 가장 많았다. 특히 70세 이상의 자살률은 OECD 국가들 중 최고이다. 자식에게 외면당하거나 질병에 시달리다가 스스로 목숨을 끊는 경우가 적지 않다. 너무 이른 죽음처럼 이제는 너무 오랜 삶도 리스크다. 평균 수명은 느는데 정년은 짧아졌다. '일하지 않는 수십 년의 삶을 어떻게 살아갈 것인가?' 이에 대한 해답을 보험 세일즈맨인 당신이 제시해 줄 수 있다.

유럽의 노인들이 인생을 즐기는 모습을 보여주어야 한다. 현역 의사의 부러움을 사는 은퇴 경찰의 모습을 보여주면 좋다. 자식들에게 환영받는 노부모의 모습을 보여주어야 한다. 그것이 고객의 미래가 될 수 있음을 보여주어야 한다.

고객의 특성과 욕구에 따라 그에 맞는 그림을 그려주어야 한다. 자동차에 관심 있는 고객이라면 고급 승용차를 타는 그림을 제시해 주고, 여행을 좋아하는 고객이라면 푸켓의 고운 모래에 누워 에메랄드빛 바다를 바라보는 그림을 제시해야 한다. 단풍이 절정인 11월의 규슈, 료칸에 묵으며 온천을 즐기는 평화로운 그림을 그려주어야 한다. 건강을 걱정하는 고객이라면 돈 걱정하지 않고 치료받는 환자의 모습을 제시해 주어야 한다. 보험금을 지급 받고 힘을 얻는 가족들의 모습을 그려주어야 한다.

고객은 합리적이라기보다는 감성적이다. 욕구는 이성이 아니라 감성이기 때문에 고객의 감성에 호소해야 한다. 머리가 아니라 가슴을 공략해야 한다. 숫자는 가슴을 공략하지 못한다. 수익률만 따지고 있어서는 안되는 이유이다. 숫자에 근거한 논리적인 설명, 긴 이야기보다는 핵심적인 이미지, 미래상을 제시해야 한다. 그것이 고객의 가슴에 호소하는 법이다.

16
세일즈맨은 고객의 파트너로 진화 중

●

한국에서는 세일즈맨이라고 하면 아직도 궁지에 몰려서 마지막으로 선택하는 직업군이라고 생각하는 경향이 적지 않게 남아 있다. 그러나 세일즈를 모르면 비즈니스에서 성공할 수 없는 시대가 되었다. 70년대 국내에서 브리태니커 백과사전이 인기를 끌었던 적이 있었다. 지금 가치로 100만 원 정도하는 고가여서 일주일에 한 질 팔기도 힘든 실정이었다. 그러나 유독 세 남자만은 하루에 7~8질씩 팔아 치우고 사무실로 돌아왔다고 한다. 그리고 20년 후 그 세 남자는 이름만 대면 알만한 국내 굴지 기업의 대표가 되었다. 그중 한 사람인 윤석금 웅진 그룹 회장은 "난 지금도 하루에 우리 정수기를 5개 이상 팔아올 수 있다"고 자신했다고 한다.

위의 세 사람뿐 아니라 많은 세일즈맨들의 노력으로 기존에 만연해 있는 세일즈에 대한 부정적인 인식이 변해가고 있으며, 앞으로는 더욱 확고한 대세로 정착되어 모두가 선망하는 직업이 될 것이다. 그 변화의 핵심에는 스스로 상품을 파는 사람에서 고객의 행복을 지켜주고 성공을 도와주는 파트너로 진화하는 세일즈맨이 있어야 한다.

어느 날 한 에이전트가 조언을 구해왔다. 최근 개업한 병원장과 약속을 잡았다고 한다. 그에게 알려줄 유용한 정보로 무엇이 좋겠느냐는 질문이었다. 갓 개업한 병원에 필요한 정보라… '내가 병원장이라면 제일 먼저 알고 싶은 게 무엇일까?' 아마 그 지역의 인구 구성비가 아닐까? 라고 생각했다. 만약 그 지역에 어린이가 많다면 소아 중심 의료 서비스로 특화할 수 있고, 노인 인구가 많다면 노인 환자에게 어필할 수 있는 전략을 세울 수 있다. 전업 주부보다 직장 여성이 많다면 퇴근 이후로 진료 시간을 연장하는 방법도 있다.

내 말에 에이전트는 좋은 아이디어라며 고개를 끄덕였다. 그는 며칠간 자료를 검색해 원하는 정보를 찾았다. 통계 자료를 한눈에 보기 쉽게 편집했다. 깨끗하게 출력한 문서를 정성스럽게 파일로 만들어 병원장을 찾아갔다.

방문에서 돌아온 그에게 병원장의 반응을 물었다.

"어떻게 이런 생각을 했냐고 아주 좋아하시던데요."

우리 지점 에이전트들의 첫 번째 사명은 고객의 성공을 돕는 일이다. 고객이 원하는 것을 고객보다 먼저 깨닫고, 고객의 고민을 자기 고민처럼 생각해야 한다.

갈비집을 경영하는 고객이 있었다. 그의 고민은 미국산 쇠고기 수입 금지 조치로 인한 비용 상승에 있었다. 담당 에이전트는 상담 과정에서 고객의 고민을 알게 되었다. 그날부터 수입 금지 조치의 지속 여부에 대해 관심을 기울였다. 언론이나 그 밖의 경로로 수집한 정보를 취합해 고객에게 전했다. 고객이 수입 금지 조치 해제를 예상하며 미래를 정확하게 계획할 수 있게 되었다며 좋아했음은 물론이다.

에이전트들은 경영 컨설턴트 역할을 할 때도 있다. 나의 고객 가운데 소규모 치과 원장은 운영난을 겪고 있었다. 앉아만 있지 말고 영업에 나서서 타개할 것을 조언하는 내게 원장은 시간이 없다며 난색을 표했다.

"그렇다면 영업할 사람을 고용하십시오."

"의료법상 그렇게 할 수 없는데요."

"고객을 영업 사원으로 만드십시오."

"환자를?"

"환자를 소개하면 돈 대신 서비스를 제공하는 겁니다."

일종의 마케팅인 셈이다. 그러나 반드시 돈을 지불해야 할 필요는 없다. 교환 가치가 있는 포인트 적립도 좋은 보상 방법이 될 수 있다.

우리 지점 구성원들은 고객을 위해 기꺼이 시간을 낸다. 펀드 가입을 원하는 고객이 있다면 펀드 상품에 대해 몇 시간씩 정보를 수집한다. 고객을 모시고 은행을 방문해 적정 상품을 선택한다. 우리가 필요한 요구를 하기도 한다.

세무사를 동원해 자산가를 공략하다

학사 출신 남성들이 보험 세일즈에 등장한 것은 비교적 최근의 일로 외국계 보험사가 들어오면서부터다. 우리나라 보험업계에 주부 사원이 절대 다수인 까닭은 일본의 영향이 크다. 제2차 세계대전에서 패망한 일본 사회에는 남성 노동력이 부족했다. 그렇게 전쟁으로 남편을 잃은 여성들이 직업 전선으로 뛰어들었던 것이다. 사람들은 남편을 잃은 여성들을 통해 보험 가입을 하기 시작했다. 그 관습이 우리나라에도 전해졌다.

많은 사람들은 그런 여성 에이전트들을 '보험 모집인'이라고 불렀다. 그 말에는 세일즈를 업으로 하는 커리어우먼의 이미지가 없다. 기능적 의미만 있을 뿐 세일즈를 가치 있는 직업으로 인정하지 않는다는 의미가 숨어 있다. 이것은 올바른 정의가 아니다. 외국계 보험사들은 그 점을 잘 알고 있었다.

보험 역시 금융 상품이다. 우리는 스스로를 금융 전문가로 포지셔닝했다. 대부분이 '변액보험판매관리사' 자격증은 물론 '자산관리사' 자격증을 취득했다. 자산운용이라는 시각으로 보험에 접근했다. 자산 운용이란 보유 자산이 많을 때 의미가 있다. 따라서 자산가를 주요 타깃으로 삼았다.

자산가를 공략하려면 보다 높은 전문성이 필요했다. 세무사를 고용한 것은 그런 이유에서였다. 스스로 전문가가 될 수 없는 영역은 전문가의 힘을 빌리면 됐다. 시간과 에너지를 절약하는 방법이기도 하다. 세무사를 동반하자 상담의 질이 향상되었다. 고객의 만족도 커져서 높은 계약률로 연결되었다. 유능한 재무설계사 역할을 수행하기 위해 스스로의 전문성도 높여갔다.

고객의 마음을 여는 것은 논리적인 설명보다는 결정적인 한 단어다. 그 한 단어가 결정적인 역할을 하려면 진심이 담겨 있어야 한다. 즉, 신뢰를 줄 수 있어야 한다. 신뢰를 얻기 위해서는 역으로 논리가 있어야 한다. 따라서 전문성을 바탕으로 정확한 논리를 펼 수 있는 능력이 필수적이다.

자산가 공략이라는 전략은 성공적이었다. 건수는 물론 계약 규모가 커졌다. 전문성을 높인 결과였다. 보험 시장의 트렌드를 정확히 읽고 고객 니즈의 핵심을 공략한 결과였다.

세일즈는 전문직이다. 나와 에이전트들은 시간을 내서 증권사와 은행을 찾아가 상담을 받아보곤 한다. 나는 고객의 입장에서 집요하게 묻고 논리적인 대답을 요구한다. 그들의 부족한 점을 발견하면 타산지석의 교훈으로 삼는다. 아울러 금융 전문가로 성장하려는 노력도 지속적으로 하고 있다.

사회 트렌드·경제 현황·주가 전망·세계 경제 등 경제 지식 습득에 힘썼다. 관련 분야 전문가를 초빙해 수준 높은 교육을 실시했다. 서울역에 대기하고 있다가 낚아채다시피 강사를 모신 적도 있었다.

세일즈는 가치 있는 일이다. 계약이 이루어지는 순간 양쪽 모두 승리한다. 고객을 성공으로 이끈다는 사명감을 가져야 하며, 금융 전문가로서 자긍심을 가지고 그것을 뒷받침할 실력을 키우고 비전을 개발해야 한다.

STAR MGA 에이전트들은 금융 전문가이며 동시에 정보 전문가이다. 다방면의 정보를 수집해 종합할 줄 안다. 고객이 원하는 고급 정보를 수시로 제공한다. 자녀의 유학을 준비하는 고객이라면 믿을 만한 유학원을 알려주며, 결혼을 앞둔 고객에게는 입 소문난 웨딩 업체를 소개한다. 시간과 노력을 들여 고객이 직접 찾아다니지 않아도 된다. 에이전트들은 고객에게 필요한 모든 것을 제공하는 허브 역할을 한다. 고객에 대한 '토털 라이프 케어'가 우리가 지향하는 궁극적인 목적지다.

4

나를 사랑하는 자
세상이 사랑한다

17

모든 인간은 세일즈맨이다

•

　직업의 선택은 너무나 중요하다. 그중에서도 직업을 수동적으로 선택하느냐 능동적으로 선택하느냐는 특히 중요한 문제다. 인간이 자신의 직업에서 행복을 얻으려면 3가지가 필요하다. 첫째는 그 일을 좋아해야 한다. 둘째는 그 일을 지나치게 해서는 안 된다. 셋째는 그 일로 성공하리라는 신념을 가지고 있어야 한다. 좋아하지 않는 일을 한다면 그처럼 고역이 없고 그 일을 너무 많이 해서 지겨워지면 평생을 지속할 수 없으며, 직업인으로 일에 따른 보상이 없다면 역시 행복할 수 없다. 현재 미국의 직업 선호도는 은행과 증권사, 보험 등의 금융 컨설팅 업종이 1, 2, 3위를 다툰다.

　자신을 전업 주부라고 생각하며 집안 살림을 힘겨워 하는 사람과, 스스로를 '우리 집 행복 지킴이'라고 정의하며 가족을 돌보는 여성은 집안일을 하는 태도에서부터 일의 만족감까지 하늘과 땅 차이일 수밖에 없다. 보험 세일즈맨에게는 어느 분야보다 성실성과 진실성이라는 덕목이 필요하다. 우리는 단순히 상품을 파는 사람이 아니라 고객에게 토털 라이프 케어 서비스를 설계하고 제공해주는 행복 컨설턴트가 되어야 하기 때문이다.

당당한 직업

"자녀들에게 아버지는 세일즈맨이라고 당당히 말할 수 있습니까?"
이런 질문을 던지면 세일즈맨들은 어떤 대답을 할까?

우리나라에서는 여전히 직업에 대한 선입견이 강하다. 본인의 직업
보다 아버지의 직업을 먼저 묻는 경우도 있다. 집안의 내력을 알아보기
위해서이다. 직업에 귀천이 없고, 시대의 흐름에 따라 직업이 다양화되
었다고는 하지만 세일즈맨이라고 하면 아직도 편견을 가지고 대하는 사
람들이 많다.

"당신의 역할은 내레이션 모델입니까, 체결하는 사람입니까?"

처음 세일즈를 시작하는 한 에이전트에게 대뜸 물었다. 그는 미소를
지으며 질문에 답했다.

"저는 정보를 전달하고 설명만 하는 내레이션 모델보다 고객과의 체
결을 우선하는 세일즈맨이 되고 싶습니다."

한 마디를 던져도 금방 알아듣는 그가 믿음직스러웠다. 나는 세일즈
를 시작하는 에이전트들에게 같은 질문을 던지곤 한다. 세일즈맨인 우
리들은 고객을 이해시키고 설득해야 한다. 당연히 설명을 많이 해야 하
고, 그러자면 말을 많이 해야 한다. 믿음을 갖지 못하는 고객을 위해 끊
임없이 설득하고, 때론 협상도 하게 된다. 그 모든 활동의 결과는 계약의
체결로 나타난다.

지혜로운 세일즈맨과 그렇지 못한 세일즈맨의 차이는 고객으로 하여금 결정을 내리게 하느냐 그렇지 못하느냐에 달려 있다. 세일즈는 고객이 결정을 내릴 수 있도록 내가 가진 지혜로 그가 바라는 미래상을 확신시키는 것이라고 생각한다. 고객이 망설일 때 내 지혜를 빌려줌으로써 결정할 수 있도록 돕고, 고객이 미처 보지 못하는 미래를 설계할 수 있도록 지원해야 한다.

현대 사회 들어 더욱 더 직업 선택은 인생의 행복과 불행을 좌우하는 중요한 일이 되었다. 나는 '직업은 우연에 의해 결정된다'는 파스칼의 말에 동의하지 않는다.

요즘 부모들은 자식이 가질 직업에 대해 추상적으로 생각하지 않는다. 아이들에게 장래희망을 물으면 대통령이나 군인, 간호사처럼 막연한 선망의 대상을 말하지도 않는다. 미드필더형 축구선수가 되어 영국 프리미어 리그로 가겠다느니, 박세리나 김미현처럼 LPGA 골프선수가 되어 미국으로 가겠다느니, 프로게이머가 되어 성공하겠다고 말하는 아이들도 많다.

심지어 초등학생임에도 불구하고 스스로 해외유학을 가서 영어를 완벽하게 익히고, 법률을 공부한 후 국제변호사가 되겠다고 구체적으로 자신의 장래희망을 밝히기도 한다. 그러니 직업을 우연히 선택한다고 생각하는 시대는 마감했다고 보아도 좋을 것이다.

인간이 자신의 직업에서 행복을 얻으려면 3가지가 필요하다고 한다. 첫째는 스스로 그 일을 좋아해야 한다. 둘째는 그 일을 지나치게 해서는 안 된다. 셋째는 그 일이 성공하리라는 신념을 가지고 있어야 한다. 좋아하지 않는 일을 하며 인생의 가장 큰 부분을 보내야 한다면 그처럼 고역이 없다. 그리고 일을 하느라 너무 많은 시간을 투자해야 한다면 지겨워질 수밖에 없다. 또한 그 일을 할 때 어떤 식으로든 보상이 따르지 않는다면 직업인으로서의 자긍심을 가질 수 없고 행복감을 느끼기도 어렵다.

과거의 흐름과 오늘의 상황을 살펴보면 미래의 유망 직업을 어느 정도는 예측할 수 있다. 오늘날 금융 시장은 은행, 증권사, 보험사로 크게 구분할 수 있다. 금융 산업에서는 미국이 우리나라보다 20년 앞서 있다고 한다. 20년 후의 우리 미래를 선진국을 통해 볼 수 있는 셈이다.

현재 선진국의 직업선호도는 금융 컨설팅 업종이 1, 2, 3위를 다툰다. 그런데 은행과 증권은 보험과 조금 다른 특성이 있다. 은행과 증권사는 무엇보다 고객의 이익과 수익을 추구한다. 수익에 따라 부침이 좌우되니 수익률이 가장 중요한 평가 기준이 된다. 또한 두 업종의 영업은 수동적일 수밖에 없다. 그래서 더욱 수익률 기록을 중시할 수밖에 없는 것이다. 고객이 찾아오지 않으면 어떤 영업도 할 수 없기 때문이다.

보험업에서는 고객을 기다리지 않는다. 보험업은 고객을 찾아가는 능동적인 일이다. 세일즈맨들이 고객도 모르는 고객의 잠재된 니즈를 찾아내서 미래를 준비시키는 역할을 수행한다.

수동적인 영업과 능동적인 영업, 수익만 추구하는 일과 고객의 생활 전체를 평가하고 설계하는 일 중 어느 쪽의 미래를 선택해야 할까? 나는 확신한다. 보험업을 넘어 금융업 전체를 주도할 역할까지 석권하고 싶은 것은 단순한 꿈이 아니라 분명한 근거를 가진 합리적 기대라고 생각한다.

말만 잘하면 세일즈 잘한다?

세일즈를 잘하는 사람이 따로 있을까? 흔히 유능한 세일즈맨이 되려면 말을 잘 하고 술도 잘 마시며 잡기에 능하여 늘 모험을 즐기는 사람이어야 할 것으로 여기기 쉽다. 그러나 업계마다 특성이 있겠지만 보험 세일즈는 일반적인 세일즈맨의 능력과는 조금 다른 자질이 필요하다.

보험은 일반적인 가정을 기준으로 삼을 때 집과 관련된 계약 다음으로 중요한 계약 사항이다. 정말 믿을 만하고 꼭 도움이 되는 사람, 더불어 장기적인 안목을 갖추고 조언할 수 있는 사람이어야 한다. 따라서 말이 유창하지 못하더라도 술자리 사교술보다 성실성과 진실성이 무엇보다도 필요한 자질이다.

사실, 큰 규모의 계약을 성사시키고 바로 그만 두는 세일즈맨들이 의외로 많다. 아예 세일즈 업종에서 떠나는 이마저 있다. 장기적인 비전을 갖고 꾸준히 투신하는 이가 많지 않다는 얘기다. 만나야 할 고객 100명을 기준으로 삼았을 때 69명을 만나는 동안 한 건도 계약을 체결하지 못하는 경우가 있다. 성실성이 결여된 세일즈맨은 이 상황에서 포기하고 만다. 자신의 능력을 탓하기도 하고, 업종 자체의 불확실성을 문제 삼기도 한다.

진실성이 부족한 사람은 실적만 좇느라 무리한 방법과 보장할 수 없는 약속을 남발한다. 그렇지만 그 결과는 고객의 이익과 수익을 해칠 뿐 아니라 신뢰마저 잃어 더 이상 회복할 수 없는 지경으로 나타나곤 한다.

세일즈맨은 일반인들의 생각처럼 성격이 활달한 사람만이 할 수 있는 일이 아니다. 겉으로 보기에는 유순한데 내면적으로 강한 세일즈맨이 오래 가고 멀리 가는 경우가 많다.

나는 매우 진취적인 생각과 창조적인 마인드를 가진 사람들을 만날 때마다 주저 없이 세일즈를 권한다. 세일즈는 창조적인 일이기 때문이다. 이번 주, 그리고 다음 주에 할 일을 본인 스스로 창조적으로 만들어 내야 한다. 진취적인 생각과 행동을 하는 사람이 사업적으로 성공하고 보상받을 수 있는 직업이 바로 세일즈이다.

구매 의욕이 전혀 없는 사람에게 구매를 권하는 것이 세일즈맨의 가장 중요한 역할이다. 나의 존재와 가치를 능동적으로 알리는 것이 인간의 삶에 꼭 필요한 능력이라는 측면에서 보면, 이제 누구나 세일즈맨이 되어야 할 시대가 되었다.

다시 묻고 싶다.

"여러분은 자녀들에게 아버지가 세일즈맨이라고 당당히 말할 수 있습니까?"

자기 자신에 대해서, 다른 사람들이 기대하는 것보다 더 높은 기준을 적용하라. — 헨리 워드 비처

18

꿈꾸지 않는 자 미쳤다

●

많은 비즈니스맨들이 "우리 회사엔 비전이 없어!" 라고 말한다. 그런 사람에게 나는 반문하곤 한다.

"당신 개인의 비전은 있습니까?"

조직 속에서 양육되고 보호받는 시대는 갔다. 나를 이끌어 주는 힘은 내 안에서 만들어진 나의 비전이다. 조직에서 요구하는 역량 강화도 나만의 명확한 비전이 있어야 힘을 얻는다. 명확한 비전이 있다면 열정이 솟아난다. 조직과 개인에게 명확한 비전이 있다면 구성원 모두가 목표를 향해 매진할 수 있으며 열정이 살아나고 흩어진 사람들을 하나로 모을 수 있는 폭발적인 힘을 만들어 낼 수 있다.

제 머릿속에는 항상 분명한 그림이 있다. 나는 그 그림을 슬로건으로 표현한 다음, 연이나 월 단위로 목표를 정하고 그것을 향해 한 걸음 한 걸음 나아간다. 목표를 세분화하고 매일 점검하며 실천하다 보면 어느 순간 꿈은 이루어져 있게 마련이다. 비전 공유, 그것이 우리를 글로벌 넘버 원 조직으로 만든 힘 가운데 하나이다. 다시 강조하지만 비전은 매일 실행할 수 있는 수준까지 구체화해야 한다. 그리고 끊임없이 갱신해야 한다. 새 목표가 생길 때마다 슬로건을 바꿔야 한다.

구체적인 꿈이 아름답다

회사로 전화 한 통이 걸려 왔다.

"어제는 정말 굉장했습니다."

두 번째로 우리 지점을 방문한 메트라이프 회장의 말이었다. 메트라이프 지점 가운데 세계적 수준의 업적을 달성하고 있는 지점을 직접 보러 왔던 것이다. 그는 전날의 프레젠테이션이 매우 인상 깊었다고 말했다. 나는 그에게 구체적인 비전을 보여주었다.

"3년 내에 에이전트 1,000명을 만드는 게 우리의 목표입니다."

회장이 박수를 치기 시작했다. 그는 적극적인 지원을 약속했다. 나는 우리 지점의 성공 비결을 설명하지 않았고 우리가 잘한 일을 열거하지 않았다. 대신 우리가 어떤 그림을 그리고 있으며 그 그림을 구체적으로 완성하기 위해 어떤 각오로 준비하고 있었는지를 이야기했다.

꿈은 크고 목표는 높아야 한다. 단 그것은 분명하고 구체적이어야 한다. 평범한 사람들은 부자가 되고 싶다고 막연하게 말한다. 하지만 성공하는 사람들은 50세까지 10억을 만들겠다고 구체적으로 말한다. 꿈이 머릿속의 막연한 생각에 그친다면 그것은 허황된 욕망이고 대책 없는 망상이다. 꿈이냐 망상이냐를 가르는 기준은 그 크기가 아니라 구체성 여부이다.

꿈을 이루려면 완벽하진 않아도 구체적인 그림이 필요하다. 그리고 그 그림은 시행착오를 거치면서 끊임없이 수정되고 보완되어야 한다. 성공이란 완벽한 그림을 만들어나가는 과정이나 다름없다. 구체적인 그림을 그리는 가장 좋은 방법은 슬로건을 만드는 일이다. 개인은 개인대로 조직은 조직대로 자기만의 슬로건을 갖고 있어야 한다. 운영난을 겪고 있는 동네 병원이라면 '환자를 찾아가는 병원'이라는 슬로건을 만들 수 있다. 왕진 서비스 등으로 다른 병원과 차별화하는 방법이 떠오를 것이다.

나의 머릿속에는 항상 분명한 그림이 있다. 이는 창의성이 필요한 일이다. 나는 그 그림을 슬로건으로 표현한 다음 연이나 월 단위로 목표를 정해 이를 향해 한 걸음 한 걸음 나아간다. 목표를 세분화해서 실천하면 어느 순간 목표 지점에 도달하게 된다. 그러면 새롭게 비전을 업그레이드하고 같은 방법으로 다시 시작한다.

조엘 핸더슨(Joel Handerson)이라는 작가에게 사람들은 놀랍다는 듯 물었다.

"어떻게 그토록 많은 책을 쓸 수 있었습니까?"

"저는 책을 쓴 적이 없습니다. 매일 한 쪽씩 글을 써나갔을 뿐입니다."

한 쪽 한 쪽이 모여 책 한 권이 되고 습관이 모여 인생을 이루듯 작은 목표들이 모여 성공을 이룬다.

우리의 슬로건은 '아시아 넘버원'이었다. 그 가치 아래 남들이 가지 않는 길을 가고자 했다. 아시아 넘버원이 되었을 때 나는 '글로벌 넘버 원'

이라는 업그레이드된 슬로건을 내걸었다. 구성원 모두가 새로운 비전을 좇아 뛰도록 고무했다. 그 결과 2004년 이후부터 지금까지 지점 업적 면에서 단위 조직으로는 STAR MGA가 메트라이프코리아에서 1위를 고수하고 있다.

꿈은 아무도 뺏어갈 수 없는 나의 지적재산

지점장 시절, 뉴욕에 있는 본사를 방문할 기회가 있었다. 53층의 이사회실에 들어갔을 때 하마터면 눈물을 흘릴 뻔했다. 그만큼 눈이 부셨다. 황금빛 천장에 수정 샹들리에. 그 엄청난 스케일을 보고 나는 형언하기 힘든 충격에 휩싸였다. 나는 이제껏 상상하지 못했던 새로운 목표를 발견하고 투지가 끓어올랐다.

나는 언제나 톱 세일즈맨이었다. 건강까지 잃어가며 열정을 바쳐 일했고 많은 난관도 꿋꿋이 버텨 냈다. 하지만 한국에서 세일즈맨은 늘 불안하고, 여러 면에서 미래가 불투명했다. 스스로의 세일즈 성과에만 의존할 수밖에 없기 때문이다. 그래서 나는 세일즈를 하되 비전을 갖고 일하도록 만들고 싶다는 생각이 일었다.

세일즈 일을 하면서 세일즈를 잘하자는 수준을 넘어서는, 기왕이면 크고 튼튼한 비전을 가져야 한다. 부자들은 노동하지 않는 동안에도 돈을 벌고 있다. 잠을 자면서도 일하고 있는 셈이다. 세일즈맨들도 궁극적으로는 그렇게 가야 한다. 보다 높은 수입, 보다 안정된 미래를 설계할 수 있어야 한다. 그러려면 새로운 차원의 사업 비전과 그것을 뒷받침할 조직이 필요할 것이다.

그러나 많은 사람이 느꼈을 이런 문제가 아직까지도 해결되지 않은 데는 그만한 이유가 있었을 것이다. 무엇보다 세일즈맨들은 각자 개인 단위로 활동하는 경우가 대부분이기 때문에 한 팀으로 묶기 어렵다. 같은 이유로 역량이 뛰어난 개인을 한데 모으면 시너지를 내기보다 오히려 전체적인 힘이 약해지는 경우도 많다.

그러나 여러 장벽을 돌파해 온 우리에게 그런 문제는 단지 극복의 대상일 뿐이었다. 이제 나에게는 분명한 목표가 생겼다. 세일즈맨들의 기업을 만들고 싶었다. 서울로 돌아오는 비행기 안, 머릿속에는 선명한 그림들이 그려지고 있었다.

새로운 목표를 얘기하자 사람들은 미쳤다고 했다. 허황된 꿈이라고 일축했고 불가능하다고 단정했다. 그들 말대로 꿈을 꾸는 자가 미친 것이라면 나는 언제나 미쳐 있었다. 생각도 하지 않고 가만히 앉아 있는 것보다 불가능한 이상일지언정 꿈을 꾸는 편이 훨씬 좋다.

기왕이면 꿈은 클수록 좋다. 목표는 높을수록 좋다. 꿈이 크다고 돈 드는 것도 아니고 목표가 높다고 세금이 붙지 않는다. 많은 사람들이 지레 꿈을 포기하거나 목표를 낮게 잡아 안전하게 가려고 한다. 이는 실패에 대한 두려움 때문이다. 그러나 나는 거꾸로 성공에 대한 두려움 때문이라고 생각한다. 자신감이 부족하기 때문이다. 자신의 능력을 회의하며 이루지 못할 꿈을 꾸느니 꿈이 없는 게 낫다고 생각한다. 쉽게 이룰수 있는 목표만 세워 실패할 확률을 낮춘다. 스스로 한계를 정해 그 안에서 만족해 한다. 그런 사람들에게 좌절은 없으나 성취감도 없다. 안전한삶일지는 몰라도 성공한 삶은 아닌 것이다.

꿈이 있을 때 우리의 삶은 무채색에서 장밋빛으로 변한다. 꿈이 클때 우리의 시야가 넓어지고 마음이 성장하며 정신세계가 높아진다. 자아의 성숙을 위해서도 꿈은 클 필요가 있다. 꿈이 크면 능력도 커진다. 포부가 작으면 포부 이상의 능력을 발휘하지 못한다. 높은 목표는 내면에 잠재된 능력의 물줄기를 퍼 올리는 정신의 양수기다. 한 달에 10건을 목표로 삼는 한 10건 이상 계약을 달성할 수 없다. 적어도 20건을 목표로 잡은 사람에게 10건 이상의 성과는 그리 어렵지 않은 일이 될 수있다.

부자가 되고 싶다는 꿈 없이 부자가 될 수는 없다. 3년 안에 1억을만든다는 목표 없이 1억을 만들 수는 없다. 지금 당장 할 일은 가슴에 원대한 꿈을 품는 것이다. 그 꿈은 오로지 나의 것이다. 아무도 빼앗아갈수 없는 나의 지적 재산인 것이다.

19

큰물에서 놀아라

●

일본 사람들이 많이 기르는 관상어 중에 '코이'라는 잉어가 있다. 코이는 작은 수족관에 넣어 두면 8센티미터밖에 자라지 않지만, 더 큰 수족관이나 연못에 넣어 두면 약 25센티미터까지 자라고, 커다란 강 속에서는 무려 120센티미터까지 자란다고 한다.

리더의 가장 큰 역할이 구성원의 꿈을 키워주고 역량과 안목을 높여줄 수 있는 큰 물을 만들어 주는 일이다. 나는 큰물에서 놀기 위한 방법론으로 에이전트들에게 해외여행이나 낯선 사람을 찾아 떠나는 여행을 권한다. 고래는 바다에 있지 호수에 있는 게 아니다. 고래를 보려면 바다에 가야 한다. 낯선 사람들이지만 각 분야에서 자기보다 높은 수준에 있는 오피니언 리더층의 사람을 만날 수 있는 모임에 참가하여 인적 네트워크를 만드는 것도 큰물에서 노는 한 가지 방법이다. 국내 모 기업 대표의 꿈은 모든 구성원을 석사나 박사로 만드는 것이다. 사장부터 솔선하여 바쁜 시간을 쪼개 공부하고 박사 학위를 땄다. 적극적으로 해외여행을 시켜주고 새로운 지식을 접하도록 만들었다. 그 후 직원들은 어떤 강제 없이도 최고의 독서광이 되었으며, 최고 수준의 이익을 내는 우량 회사를 창조해냈다. 이처럼 구성원이 큰물을 경험하여 안목을 높이도록 이끈다면 리더의 잔소리가 없어도 스스로 목숨 걸고 자기 계발에 나설 것이다.

큰사람이 되려면 큰물을 찾아라

"이젠 어디를 가도 성공할 자신이 있습니다. 여기서는 중간밖에 못하고 있지만 우리 지점에서 중간이면 다른 곳에서는 최고니까요."

에이전트 한 명이 내게 그렇게 말했다. STAR MGA 구성원들은 '우리가 최고'라는 자부심이 강하다. 우리 지점 1등이 우리나라 보험 에이전트를 통틀어 1등이라고 여긴다. 우리가 보험업은 물론 은행, 증권 등 전체 금융 산업에서 최고라고 생각한다. 최고라고 믿기 때문에 지속적으로 최고를 지향한다. 성공 지향적인 곳에서 일하면 성공 가능성이 높아진다. 생산성 높은 장소에서 일하면 생산성이 높아지듯, 열심히 일하는 사람들 사이에서는 열심히 일하게 된다.

큰사람이 되려면 큰물을 찾아가야 한다. 박지성이 코리언 리그에서 뛰었다면 지금 같은 몸값을 받을 수 있었을까? 마이너 리그에서 홈런 타자가 되기보다는 메이저 리그에서 2군으로 활동하는 게 낫다.

모든 부모가 자녀를 명문 학교에 보내고 싶어 한다. 그들이 그토록 사교육에 목을 매는 까닭은 아이를 좋은 학교에 보내기 위해서다. 일류 학교에 입학하는 순간 아이의 성공 가능성이 높아지기 때문이다. 큰물에서 놀면 시야가 넓어진다. 목표가 높아진다. 성취동기가 자극된다. 훌륭한 벤치마킹 대상이 생긴다.

전국의 수재들이 모인 고등학교에 들어간 아이는 전혀 다른 세계를 경험한다. 3년 내내 전교 1등을 놓치지 않았던 중학 시절은 더 이상 자랑거리가 아니다. 아이는 자부심을 갖되 자만하지 않게 되고 높은 수준의 목표를 지향한다.

우수한 친구들은 가장 효능 있는 성장 촉진제이다. 때로는 자극을 받고 때로는 열등감도 느낀다. 수재들 속에서 자신의 한계를 깨닫기도 한다. 그러나 성공의 희열은 어느 때보다 크다. 그 집단 안에서 전교 1등을 했다면 그것은 곧 전국 1등이기 때문이다.

'우리가 최고'라는 자신감으로 뭉친 우리 지점 에이전트들도 '내가 최고'라는 자만심은 스스로 경계한다. 다들 최고이기 때문이다. 뛰어난 동료는 가장 큰 자극이다. 그를 능가하지는 못하더라도 최소한 그만큼은 해야 한다고 생각한다. 자연스레 목표가 높아지고, 높은 목표는 높은 실적으로 이어진다.

그렇게 한 번 높아진 실적은 떨어지지 않는다. 관성의 법칙은 물리학에만 존재하지 않는다. 인간에게는 현 상태를 유지하려는 성질이 있다. 노숙의 삶과 같은 비참한 상황에 빠져도 인간은 금세 적응하게 마련이다. 벗어나려면 대단한 용기와 의지가 필요하다. 마찬가지로 성공의 경험 역시 중요하다. 그것은 몸이 기억하며, 우리 몸은 그 상태를 유지하려 한다.

우리 에이전트들은 개척 영업에 능하다. 조직 내에 개척 영업에 대한 노하우가 쌓여 있기 때문이다. 구성원들은 조직의 노하우를 전수

받는다. 교육 또는 동료를 벤치마킹 하는 과정에서도 전수받는다.

그러나 결국 이기적이고 계산적인 사람들은 오래 붙어 있지 못한다. 고객에게 헌신적이고 동료에게 희생적인 사람들만 남는다. 새로 들어오는 경우도 비슷한 성향의 사람들만 모인다. 그런 환경에서 좋지 않은 자질은 희석되고 바람직한 성향은 동화된다. 때로는 환경이 사람을 만들기도 하는 법이다.

낯선 곳으로 여행을 떠나라

독일 여행에서 크게 배운 점이 있다. 독일에서는 아무리 작은 지점을 방문하려 해도 문서로 미리 약속을 정해야 했다. 예외 없이 예정에 없는 방문을 꺼려했다. 정확한 시간 약속을 잡지 않고 찾아갔다가 만날 사람을 보지 못하고 되돌아온 적도 있다.

처음에는 이해하기 어려웠다. 비싸게 군다고 생각하기도 했다. 이상한 사람들이었다. 그러나 생각해 보니 이상한 것은 오히려 우리였다. 우리는 예고 없는 방문에 관대하다. 무례하다고 여기지 않는다. 시간은 돈이라는 관념이 철저하지 못하기 때문이다. 독일인들은 시간은 돈이라는 관념이 철저했다. 아무에게나 자신의 시간을 내주지 않았다. 시간을 할애할 가치가 있지 않은 한 아무나 만나지 않았다. 남의 시간을 방해하지 않았다. 남의 시간을 쓰기 위한 정식 허락을 구했다.

사실 만나기 쉬운 사람이 되면 안 된다. 만나기 어려운 사람이 되어야 한다. 워렌 버핏과의 식사는 5억에 낙찰되지 않았는가. 버핏의 한 시간은 5억짜리인 셈이다. 자기 시간을 귀하게 여겨야 한다. 내 시간을 내는 것은 내가 가진 돈을 쓰는 것이라는 사실을 알릴 필요가 있다. 당신과 만나는 사람은 당신이 시간을 내준 것에 대해 고마워해야 한다.

큰물에 들어갔다 나오면 정신의 키는 한 뼘씩 자란다. 다른 나라를 방문하고 돌아오면 반드시 소득이 생긴다. 낯선 곳에 가면 감각이 활짝 열리고 개방적이게 된다. 스펀지가 물을 빨아들이듯 새로운 경험을 받아들인다. 그렇게 안목이 높아진다.

나는 늘 낯선 곳을 찾아 다녔다. 젊은 사업가 모임과 로터리 클럽에 가입하고 경영대학원에 진학한 것도 그 때문이었다. 내가 모르고 나와는 다른 그런 문화를 경험하고 싶었다. 나는 늘 낯선 사람들을 찾아 나섰다. 그런 경험을 통해 낯선 사람은 낯선 세계로 들어가는 통로라는 사실을 알 수 있었다. 해외로든 인간의 마음속으로든 나의 여행은 멈추지 않을 것이다.

운명에 겁내는 자는 운명에 먹히고, 운명에 부닥치는 사람은 운명이 길을 비킨다. —비스마르크

20
세 가지 정신적 스킬로 무장한 1인 기업가

●

새롭고 창의적인 일을 성공시키려면 세 가지가 필요하다. 첫째, 말로 표현되지 않는 시대의 변화와 사람의 욕구를 알아차릴 수 있는 감수성이 필요하다. 둘째, 파악한 고객의 욕구를 해결할 수 있는 방법을 구상할 수 있는 지식과 창조적 아이디어가 필요하다. 마지막으로는 흔히 간과하기 쉬운 요소로 아이디어를 과감하고 끈질기게 실행해나갈 수 있는 용기와 추진력이 필요하다.

라이트 형제가 비행기를 발명했다는 사실은 누구나 안다. 그러나 라이트 형제가 독일의 릴리엔탈이 글라이더 시험 중 추락사했다는 사실을 알고 그러면 우리가 한번 해보겠다며 도전에 나섰다는 사실과 500회의 모형 시험과 1000번의 끈질긴 실험 끝에야 비행에 성공할 수 있었다는 사실을 아는 사람은 많지 않다.

아이디어는 머릿속에 있을 때가 아니라 실천으로 옮겨질 때 부를 창출한다. 더 나아가 오늘날 아이디어는 언제든 활용할 수 있도록 철저하게 브랜드화해야 하고 시스템화해야 한다. 나는 세일즈맨들의 새로운 미래를 만들어갈 고객관리 시스템을 완성하는 데 1년 8개월이 걸렸다. 그렇게 탄생한 개념이 '토털 라이프 케어(Total Life Care)'이다.

세일즈맨의 세 가지 정신적 스킬

어느 날 한 노인이 노드스트롬 백화점을 찾아와 타이어체인의 환불을 요구했다. 영수증도 없었지만 직원은 29달러를 환불해 주었다. 그러나 타이어체인은 노드스트롬 백화점에서 파는 물건이 아니었다. 직원은 그 사실을 알고 있었음에도 불구하고 자기 돈으로 29달러를 내주었던 것이다. 노드스트롬은 최상의 고객 서비스를 제공하는 것으로 유명한 미국 최고의 백화점이다. 노드스트롬의 브랜드 가치는 상상을 뛰어넘는다. 그것은 브랜드 가치를 지키려는 직원들의 노력에서 나온다. 이것이 바로 세일즈와 마케팅의 차이다.

나는 뉴욕 방문을 계기로 떠오른 아이디어를 구체화하는 작업에 들어갔다. 온라인을 통해 세일즈란 직업을 한 단계 업그레이드 할 수 있는 커뮤니티의 장을 만들기로 했다. 자본주의 사회에서는 누구나 무언가를 사거나 팔아야 한다. 그것은 유형의 제품일 수도 있고 무형의 서비스일 수도 있다. 모든 사람은 무언가를 팔아야 한다는 관점에서 본다면 누구나 세일즈맨이다. 그것이 형태를 갖춘 제품일 수도 있고 무형의 개념 혹은 서비스가 될 수도 있다. 이런 맥락에서 보자면 자본주의를 살아가는 현대인들은 모두 세일즈맨이라는 것이 나의 생각이다. 나의 구상은 이 세일즈맨들을 하나로 묶어내는 공간을 온라인에 만들자는 것이었다. 나는 각자가 독립 사업자와 같아 집단으로 묶이기 어려운 세일즈맨들을 이우를 수 있는 공간이 만들어 진다면 각자의 생산성을 높일 수 있다고 보았다. 개인적인 역량을 넘어서는 집단적인 시너지를 창출할 수 있는 조직체를 만들면 세일즈맨들이 장기적인 비전을 가지고 현재 일에 보다 전념할 수 있을 것이다.

아이디어를 시스템으로 만들고 브랜드로 정착시킬 수 있도록 만들어내는 계획에 착수했다. 그러나 새로운 구상을 처음 실행에 옮길 때는 세일즈맨 개인의 능력이 필수적이다. 노력과 능력이 뒷받침되지 않는다면 아무리 잘 만들어진 시스템이라 할지라도 빛을 보기 어렵다.

따라서 시스템을 설계하면서 동시에 '금융 교육과정' 등을 통해 개인의 역량을 강화하는 작업도 동시에 전개하고 있다. 나는 세일즈맨 개인이 갖춰야 할 능력으로 다음의 세 가지를 특히 중시한다. 첫째로 '문제해결 능력'이다. 반드시 성공하겠다는 의지와 노력이 중요하되, 어려운 상황에 처했을 때 이를 돌파할 수 있는 지혜를 갖춰야 한다. 고객의 강력한 거절을 접했을 때, 기존의 방법이 한계에 봉착했을 때, 무작정 밀어붙이기만 해서는 문제를 해결할 수 없다. 이 때 면밀하게 주변 환경과 자신의 스킬을 점검하고 새로운 방법을 강구해야 한다.

두 번째로는 '언어구사력'을 들 수 있다. 이는 유창한 언변과는 다르다. 고객의 상황과 니즈를 이해하고 본인이 준비한 해결책을 정확하고 진실하게 전달할 수 있어야 한다. 고객이 편하고 신뢰감 있게 받아들일 수 있는 단어와 어조, 대화의 전개가 완벽하고 화려한 언술보다 훨씬 중요하다. 그러기 위해서는 고객의 입장에 대한 진정한 관심과 이해가 전제되어야 한다. 고객이 나의 친구가 될 수 있다고 생각해야 한다. 그렇게 하면 세일즈맨인 나뿐만 아니라 고객도 나와의 관계를 소중히 생각한다. 말에 진심을 담자. 마음을 싣자.

세 번째는 '실행력'이다. 세일즈맨은 업적으로 말한다. 문제해결 능력이 좋고 고객과의 관계가 친밀해져도 업적이 안 좋으면 세일즈맨으로서 올바로 평가받기 어렵다. 실행력은 일의 마무리와 같다. '문제해결 능력'과 '언어구사력' 그리고 '실행력'은 항상 함께 갖추되 순차적으로 이루어져야 옳다. 의지만 가지고 고객을 설득시킬 수 없다. 진심만 가지고 계약 체결을 이끌어 낼 수는 없다. 적극적이고 냉정하게, 재빠르고 신중하게 실행에 옮겨야 한다. 어떠한 상황에서든 포기하지 않고 이겨내겠다는 절대 긍정의 '문제해결 능력', 말에 진심을 담아 고객과 신뢰를 만들어가는 '언어구사력', 그리고 이것들을 구체적인 성과로 이끌어내는 '실행력'이 삼위일체가 되어야 한다.

이 세 가지를 갖추고 잘 구사할 수 있는 세일즈맨은 그 자체로 하나의 기업과 같다. 혼자 알래스카에 가서 에스키모에게 얼음을 팔수도 있을 것이다. 그러기 위해서는 세 가지 정신적 스킬을 '1인 기업가 정신'이란 그릇 속에 담아내야 한다. 세일즈맨이 고객에게 최선을 다해 좋은 상품을 권하고 지속적으로 신뢰 관계를 쌓아가며 고객의 인생을 재정적으로 관리해 주는 일은 이제 더 이상 큰 이슈가 아니다. 세일즈 마스터가 되기 위해서는 '나는 평범한 세일즈맨이 아니라 나로 대표되는 하나의 기업'이라는 생각을 가지고 움직여야 한다. 주인 의식을 넘어서는 발상이 필요하다. 앞으로 현대인, 특히 세일즈맨들은 도어맨부터 체어맨까지 전 업무를 수행하는 능력을 가진 사람이어야 한다.

진정한 세일즈는 판매하려 하지 않는다. 고객 스스로 구매하도록 한다. 그러기 위해서 우리는 고객의 처음부터 끝까지 모든 것을 완벽하게 지원할 수 있는 토털 라이프 케어 시스템을 구축하여 강력한 브랜드를 만드는 도전을 시작했다. 우리는 을의 세일즈가 아니라 갑의 세일즈를 구현하는 브랜드를 지향한다. 세일즈 패러다임을 마케팅 패러다임으로 전환하기 위해 노력하고 있다. 고객의 라이프스타일을 이해하고 이에 맞는 맞춤형 제안으로 고객 스스로 제품이나 서비스를 구매하도록 유도해야 한다.

세상을 바꾸는 힘, 역발상

'포스트잇'은 서류를 잘 잃어버리고 자신이 쓴 메모도 알아보지 못하는 한 남성에 의해 발명되었다. 그는 자신의 좋지 않은 습관에 착안해 아이디어를 내놓았고, 회사는 그의 아이디어를 제품화했다. 3M은 매년 1억 달러어치의 포스트잇을 전 세계에 팔고 있다. 그 역시 아이디어의 대가로 판매액의 1퍼센트인 백만 달러를 해마다 벌고 있다.

'아기가 타고 있어요'라는 스티커를 고안해 낸 여성도 매달 큰 돈을 벌어들인다. 그녀는 자동차 뒤 유리에 '아기가 타고 있어요'라고 써 붙이고 운전을 해보았다. 효과가 있자 J.C.페니컴퍼니를 찾아가 자신의 아이디어를 팔았다.

세일즈맨이 강해지는 방법 가운데 하나가 마케팅 능력을 함양하는 것이다. 그러나 개인이 마케팅 능력을 보완하기에는 한계가 있기 마련이다. 어떻게 하면 조직적으로 마케팅 능력을 높일 수 있을까 고민하다가 떠오른 아이디어가 '토털 라이프 케어(Total Life Care)'이다.

우리는 고객에 대한 토털 라이프 케어 서비스 제공을 지향한다. 고객에게 보험 등 금융 상품뿐만 아니라 자녀 유학·해외 부동산·여행·세무·법률·출판·웨딩·장례 등 인생 전반에 걸쳐 조언하고 우수 업체를 소개한다. 커미션 없이 순수하게 고객 서비스 차원에서 하는 일이다. 그러나 이를 시스템화한다면 보다 체계적인 서비스를 제공할 수 있고 여기에서 수익도 창출할 수 있을 것이다.

하나의 아이디어에서 출발한 사업은 이제 첫 걸음을 내디뎠다. 이로써 우리 지점의 구성원들은 또 하나의 비전을 갖게 되었다. 세일즈는 기본이고 다른 서비스 영역에서도 능력을 발휘할 수 있게 된 것이다. 나는 이를 '세일즈 혁명'이라고 부르고 싶다. 세일즈 패러다임을 바꿀 수 있는 변화이기 때문이다.

재산이 많은 사람과 아이디어가 많은 사람 중에 진짜 부자는 후자이다. 단, 시행착오를 두려워하지 않는 절대 긍정의 자세와 원하는 목표에 도달할 때까지 집요하게 실험하고 도전하는 실행력이 필요하다.

새로운 사업이 정체성을 확립하고 확고한 브랜드가 되기까지는 적어도 10여 년의 세월이 필요하다. 10년 후 STAR MGA는 하나의 브랜드로서 힘을 가지게 되리라고 믿는다. 그것이 내 목표다. 강력한 브랜드 파워를 갖게 되면 보다 많은 고객들이 우리의 서비스를 이용할 수 있다. 우리의 시스템을 통해 가장 좋은 서비스를 제공할 수 있는 동시에 가장 좋은 서비스를 소개 할 수 있게 된다. 모두에게 이익이 되고 함께 승리하는 이기는 게임이다. 우리가 만들고 싶은 멋진 미래의 모습이다.

사소한 반대를 두려워하지 말라. 성공의 '열쇠'는 약속을 받으며 숨어오르다는 사실을 상기하라. ─나폴레온 힐

21

내 몸은 백만 불짜리

●

성경 말씀에 '네 이웃을 내 몸과 같이 사랑하라'는 구절이 있다. 사람들은 대부분 이 구절에서 이웃 사랑의 중요성만을 읽는다. 그러나 그에 앞서 '내 몸과 같이'의 의미를 이해해야 한다. 내 몸을 먼저 사랑할 줄 알아야 한다. 이 구절은 사람은 자신을 사랑하는 만큼만 이웃을 사랑할 수 있다는 의미를 함축하고 있다.

나는 죽을 고비를 넘기고 이 말의 의미를 분명하게 깨달을 수 있었다. 내 몸은 최소한 백만 불짜리이고, 천만 불로도 우리는 우리의 몸을 살 수 없다는 명징한 사실을 깨달았다. 가장 든든한 노후 대비책은 부동산도 아니고 금융 자산도 아니었다. 바로 건강이었다. 노후에 쓸 돈을 모으기 전에 건강관리부터 해야 한다는 진리를 알게 되었다. 건강을 잃는다는 건 단지 몸이 약해지거나 불편해지는 게 아니었다. 질병은 자존심을 떨어뜨리고 인간으로서의 품위마저 손상시킨다. 삶의 질을 저하시키고 행복 지수를 낮춘다. 환자 본인뿐만 아니라 가족들까지 불행해진다. 일이나 자동차나 집에는 온갖 투자를 아끼지 않으면서 정작 그토록 소중한 자기 몸을 소홀히 하는 사람이 적지 않은데 이는 본말이 전도된 것이다.

건강해야 성공한다

악몽을 꾸다가 비명을 지르며 눈을 떴을 때 등 밑은 땀으로 축축했다. 일어나려 했지만 몸이 움직이지 않았다. 전신이 마비된듯 움직일 수 없었다. 손가락 하나 까딱할 수 없었다. 한 달 전부터 몸 상태가 좋지 않기는 했다. 앉았다 일어서려면 다리가 움직이지 않았다. 이를 악물고 일어서면 걷는 데 식은땀이 흘렀다. 척추 문제인가 싶어 정형외과를 찾았지만 뼈에는 이상이 없다고 했다.

예비군 동원 훈련을 받던 날은 쓰러져서 훈련이 끝날 때까지 누워 있어야 했다. 암인가 싶어 병원에 가 검사를 받았지만 암도 아니었다. 신경은 날카로워지고 짜증이 늘었다. 때때로 팔과 다리에 마비 증상이 오기도 했다. 어제 잠자리에 들기 전에 회사에 나가지 못할 것 같다고 전화를 해놓은 상태였다. 죽을 듯이 아프지 않는 한 반드시 내 시간에 출근하는 원칙을 지켜 온 나로서는 이례적인 일이었다. 그렇게 새벽 4시에 겨우 잠이 들었는데 꿈에서 저승사자를 보았다. 다시 한 번 기를 쓰고 움직여봤다. 하지만 몸은 꿈쩍도 안 했다. 이대로 영영 일어나지 못할 것만 같았다. 덜컥 겁이 났다. 그날따라 집에는 아무도 없었다. 머리맡에 늘 놓아두는 휴대전화에 눈길이 미쳤다. 당장 도움이 필요했다. 있는 힘을 다해 팔을 들어올렸다. 그러나 팔은 여전히 제자리에 그대로 놓여 있었다. 그나마 고개를 움직일 수 있어 다행이었다. 마침 가까이 놓여 있던 볼펜을 입에 물고 간신히 전화번호 세 자리를 눌러 119구급대를 불렀다.

구급대원들이 도착했지만 문을 열어줄 수가 없었다. 그들은 옥상으로 올라가 베란다를 통해 들어오겠다고 했다. 그러나 퍼붓는 장맛비 때문에 실족할 위험이 있었고 통유리로 된 창을 깨기도 힘들었다. 입안이 바싹바싹 타들어갔다. 한시가 급했고, 어서 조치를 취하지 않으면 전신마비로 평생을 지내야 할지도 모른다는 두려움이 몰려왔다. 그때 밖에서 외치는 소리가 들렸다.

"비밀번호 없습니까?"

아차. 도어록이 있다는 걸 미처 생각하지 못했던 것이다. 나는 침대에 꼼짝 없이 누운 채 힘주어 소리쳤다.

빗속을 달리는 구급차 안에서 내 가슴은 미친 듯이 요동쳤다. 심장이 그렇게 빨리 뛸 수 있다고는 생각해 본 적이 없었다. 분명 정상이 아니었고, 죽을지도 모른다는 생각이 들었다. 응급실에서 중환자실로 옮겨졌다. 스스로 움직일 수 없으니 몸을 간호사에게 맡겨야 했다. 수치감으로 얼굴이 화끈거렸고, 무기력한 병자인 나 자신이 참담했다. 목에 관을 꽂고 누워 있던 옆자리 청년이 병실 밖으로 실려 나갔다. 죽어 나가는 사람을 보며 죽음에 대해 생각했다. 나를 알고 있는 많은 사람들의 얼굴이 눈앞을 스쳐 지나갔다.

다행히 제 병은 치명적인 것은 아니었다. 갑상선 기능 항진증에 전해질 결핍이었다. 칼슘과 칼륨이 소진되어 혈액이 순환하지 못했고 신체 기능이 망가진 것이 마비의 원인이었다. 일주일간 입원 치료를 받고 사흘 동안 요양하다가 다시 출근했다. 다시 몸을 움직일 수 있다는 사실이 기적처럼 여겨졌다. 그리고 다시는 내 몸을 홀대하지 않으리라 다짐했다.

내가 병원 신세를 지던 그 달, 우리 팀은 처음으로 1등의 자리를 놓치고 2위로 무너졌다. 전국 400여 개 팀 중 리쿠르팅과 생산성 부문에서 고수하던 1위 자리도 다른 곳에 내주고 말았다. 건강에 이상이 오자 실적에도 이상이 온 것이다. 나는 누구보다 열심히 일했다. 어쩌면 일 중독이었는지 모른다. 손에서 일을 놓고 있으면 마음이 불편했고 일하고 있을 때가 제일 행복했다. 일 외에는 눈길도 주지 않았다. 건강도 돌아보지 않았고, 그저 앞만 보고 달렸다. 최선을 다한 나의 노력은 거의 언제나 1등의 실적으로 보상받았었다.

비 내리는 새벽에 응급실로 실려 갔던 경험은 많은 걸 생각하게 했다. 이렇게 사는 것이 과연 옳은가? 삶에서 정말로 중요한 것은 무엇인가? 성공에 대한 재정의가 필요했다. 삶에 대한 태도를 재정립해야 했다.

훗날 일 때문에 유럽을 방문했을 때도 장염으로 입원한 적이 있다. 병실 밖 알프스에 둘러쌓인 푸른 호수를 바라보며 잠시 휴식을 취했다. 아름다웠다. 대도시의 빌딩 숲은 직선이었는데 자연은 곡선으로 이루어져 있었다.

'직선보다 곡선이 아름답구나….'

그 순간 나는 깨달았다. 직선이 아니라 곡선의 삶을 즐길 줄 아는 지혜, 그런 성공이 필요하다는 것을 말이다. 목적지를 향해 가다가도 잠깐한 눈을 파는 것, 한 박자 멈추었다 다시 길을 떠나는 것, 그것이 내가 깨달은 성공적인 삶의 조건이었다.

응급실 사건 이후 나는 신앙을 갖게 되었다. 절대자에 의지할 줄 알게 되었다. 절대자를 믿고 의지할 때 독불장군이 되지 않을 수 있었다. 신 앞에 겸손할 때 인생 앞에 겸손할 수 있었다. 그럴 때 정말로 소중한게 무언지 알 수 있다.

아파 보니 실제로 건강을 잃으면 모든 걸 잃는다는 사실을 절감했다. 건강을 위해 운동을 시작했고 술도 끊었다. 전에는 술이 비즈니스의 윤활유라는 통념을 받아들였다. 그러나 자기 합리화였다. 술로 이룬 비즈니스는 결국 실패하고 만다. 돈독한 관계도 술로 유지 되는 것이 아니었다.

우리 몸은 값으로 따질 수 없을 만큼 소중하다. 굳이 따져보자면 월 400만 원을 받는 사람의 몸값은 최소한 10억이다. 은행에 10억을 예치해 놓았을 때 이자로 월 400만 원이 나온다. 그러니 400의 월급을 받는 그는 곧 10억의 자산가인 셈이다.

하지만 우리는 우리 몸이 얼마나 비싼지 모른다. 10억짜리 집은 애지중지 하면서 100억짜리 몸에는 담배 연기를 들이붓고 술을 쏟아 붓는다. 외제차는 애지중지하면서 외제차보다 수십 배는 비싼 자기 몸은 함부로 다룬다. 자동차에도 100만 원씩 보험을 드는데 자기 몸에는 10만 원짜리 보험도 아까워한다. 휴대전화 하나도 보호 케이스를 씌우거늘 자기 몸에는 어떤 보호 장치도 해놓지 않는다.

세일즈맨은 건강해야 한다. 내 건강을 잃고 남을 도와준다는 것은 모순이다. 자기 건강도 챙기지 못하면서 고객의 미래 운운하는 것은 앞뒤가 안 맞는 말이다.

가장 든든한 노후 대비책은 부동산도 아니고 금융자산도 아니다. 바로 건강이다. 노후에 쓸 돈을 모으기 전에 건강관리부터 해야 한다. 건강을 잃는다는 건 단지 몸이 약해지거나 불편해지는 게 아니다. 질병은 자존심을 떨어뜨리고 인간으로서의 품위를 손상시킨다. 삶의 질을 저하시키고 행복지수를 낮춘다. 환자 본인뿐만 아니라 주위의 많은 사람들까지 힘들어진다.

비싼 몸을 잘못 간수해 가치를 떨어뜨리는 것만큼 어리석은 일도 없다. 그것이 돈 버는 길이고 성공하는 길이며 행복해지는 길이다. 성공하려면 건강해야 한다. 건강을 잃으면서까지 성공할 필요는 없다. 그건 이미 성공이 아니기 때문이다.

22
오늘 죽을 수 있다는 생각으로 산다

●

캘리포니아 대학 심리학과의 류보머스키 교수는 한 가지 재미있는 실험을 했다. 그는 참가자들에게 다음과 같이 지시했다. "여러분은 지금부터 앞으로 몇 주에 걸쳐서 도달할 수 있는 최고의 자신의 모습에 관해 생각해보도록 무작위로 선정되었다. '도달할 수 있는 최고의 자신을 생각한다'는 것은 모든 일이 다 잘 풀렸을 때 나의 미래의 모습이 어떨지 상상하는 것입니다. 당신이 열심히 일해서 삶의 모든 목표를 다 이루었다고 가정합시다. 인생의 모든 꿈을 성취하고 자신의 잠재력을 최고로 실현한 모습, 바로 그러한 자신을 생각하기 바랍니다."

이 실험 참가자들은 그렇지 않은 비교 집단에 비해 훨씬 생기가 있었다. 참가자들은 도달할 수 있는 최고의 자신이 되겠다는 결심을 글로 옮기는 과정을 통해서 자신을 변화시키고 목표를 향해 노력하는 것이 자신의 능력 안에 있는 일이라는 사실과 오늘과 내일의 꿈이 배우자나 돈이나 또 다른 어떤 행운에 달려있지 않다는 사실을 깨닫게 되었다.

시간은 누구에게나 공평하다. 그 주어진 시간 중 일부를 바쁜 일상에서 벗어나서 자신의 꿈과 목표를 점검하고 생각을 정리하고 미래를 계획하는 일에 쓸 수 있는 사람은 그렇지 않은 사람보다 훨씬 활기차고 생산적인 삶을 통해 몇 배의 일을 해낼 수 있다.

나의 하루

아침 식사를 거를지언정 나는 용모를 가다듬는 일련의 과정들 중 단한 가지도 소홀히 하지 않는다. 세일즈맨에게 용모란 제2의 인격이기 때문이다. 깨끗하게 정돈된 모습은 고객에 대한 기본적인 예의이며 마케팅 전략이다. 좋은 용모가 좋은 결과를 만드는 경우를 나는 수없이 보아왔다.

나는 대개 점심 식사를 혼자 한다. 예전에는 새로운 고객을 만나는데 매일 점심시간을 썼지만 조직의 리더가 된 이후로는 혼자만의 시간을 많이 가지려고 노력한다. 누군가와 함께 식사하며 대화를 나누는 것도 좋지만 혼자 식사를 하며 생각을 정리하는 시간도 필요하다. 이때 골치 아픈 문제의 해결 방안이 떠오르기도 하고 새로운 계획이나 창의적인 아이디어가 나오기도 한다. 점심 식사 후 사무실로 돌아와서는 10분에서 15분 정도 짧은 낮잠을 즐긴다. 달게 한숨 자고 나면 몸도 개운하고 머리도 맑아진다. 오후를 새로 시작할 수 있는 신선한 기운을 얻을 수있다. 오후 시간도 신입 면접을 치르거나 그 밖의 업무, 각종 미팅으로 쏜살같이 지나간다.

저녁 식사 전에는 근처 스포츠 센터에 가서 1시간쯤 운동을 하고 샤워를 한다. 자기 전의 샤워까지 포함하면 하루에 세 번 씻는 셈인 데 그래서인지 하루를 세 번에 나눠 사는 기분이다. 씻고 날 때마다 새로 시작하는 느낌이 든다. 하루를 사흘처럼 사는 것이다. 몸과 마음이 이완되고 피로도 풀린다.

그렇게 두 번째 하루가 산뜻하게 시작된다. 6시부터 9시까지는 사람을 만나는 시간이다. 기존 고객을 만나 저녁 식사를 하거나 차를 마시거나 신규 고객 확보를 위한 상담 또는 세미나를 한다. 기존 고객 관리는 중요한 업무지만 일처럼 느껴지지 않는다. 친구를 만나 노는 것만 같다. 내게는 고객 관리 업무가 그만큼 즐겁고 유쾌한 일이다. 좋은 사람들을 만날 수 있다는 건 세일즈라는 직업의 가장 큰 매력 가운데 하나이다.

우리 에이전트들은 종종 농담처럼 말하곤 한다.

"대표님, 옥체 보존하셔야죠."

현장에 나가 뛰지 않아도 되는 위치에서 굳이 세일즈를 할 필요가 있느냐는 뜻이다. 하지만 나는 현장이 좋다. 세일즈가 재미있다. 조직의 리더이기 전에 나는 세일즈맨이고 앞으로도 세일즈맨 이라는 내 정체성에는 변함이 없을 것이다.

집으로 돌아오면 잠자리에 드는 11시까지 반신욕을 하고 책을 읽거나 메모를 하면서 혼자만의 시간을 갖는다.

물론 이런 하루를 만끽하기까지 마냥 탄탄대로를 걸어왔던 것은 아니다. 나는 직업군인으로서 비교적 안정적이고 만족했던 삶을 기억한다. 내 인생에서 8,000만 원의 빚을 짊어 지지 않았더라면 그 삶에 만족하고 안주했을 수도 있다. 때로는 시련이 인간을 성장시킨다.

이전의 삶이 불완전하고 미숙했다는 뜻이 아니다. 그러나 인생 최대의 시련을 겪으며 세일즈의 세계를 접하게 됐다. 그것은 결코 우연이 아니라고 생각한다. 나는 세일즈를 선택했고 그 과정은 뼈를 깎는 인고의 시간이었다. 초기 몇 년 간은 매일 새벽 2~3시까지 파김치가 되도록 일했다. 그렇지만 이전에는 맛볼 수 없었던 삶의 만족감과 나 자신에 대한 당당함, 사람과 신념에 대한 확고한 믿음에 충만한 생활이었다. 그 반대 급부로 죽음을 실감할 정도로 건강이 악화되기도 했고 사랑하는 가족들과 여유 있게 식사할 수 있는 시간조차 가질 수 없었다.

그 시절의 노력 덕분에 이제는 여유롭게 하루를 계획하고 나만의 패턴대로 생활해도 비즈니스에 큰 무리가 없다. 가족과 매일 조금씩이지만 마음을 나누는 시간도 가질 수 있게 되었다. 물론 나는 지금의 여유로움에 취해 있지만은 않다. 내게는 앞으로 나아갈 이유가 있다. 꿈이 있다. 그렇기에 매일 조금씩 투자하는 '나만의 시간'은 나를 더욱 성장시키는 에너지가 되어 주리라 믿는다.

나만의 타임 테이블 활용법

나는 하루에 30분은 반드시 내면과의 대화 시간을 갖는다. 명상이나 기도의 형태여도 좋고 일기 쓰기의 형태여도 좋다. 그렇게 나 자신과 이야기를 나누면서 하루를 반성하고 내가 가는 길을 점검해 본다. 앞만 보고 바쁘게 살다 보면 삶의 방향성을 상실하고 정말로 중요한 것을 놓치기 십상이다. 고요한 밤 시간, 홀로 앉아 내면을 응시하는 시간은 그래서 반드시 필요하다.

나만의 감사의 날(Thinking Day), 혹은 감사의 시간(Thinking Time)을 정해 적어도 일주일에 한 번은 나 자신과 마주해야 한다. 생각하지 않는 삶은 발전하지 않는다. 이제는 아이디어가 재산이다. 얼마나 많은 건물을 갖고 있느냐가 아니라 얼마나 반짝이는 아이디어를 갖고 있느냐가 부자의 조건이 되는 시대이다.

아이디어는 어디에나 있지만 그것은 생각 속에서 나온다. 에이전트 시절 개척을 위해 제주도로 향했던 일, 세미나를 조직해 고객을 확보한 일, STAR MGA를 설립하고 토털 라이프 케어 시스템을 도입한 일 모두 내면과의 대화 시간에 나온 아이디어였다.

홀로 생각에 잠기는 시간은 일의 효율성을 위해서도 필요하다. 나는 일 처리가 빠르고 정확한 편이다. 순발력과 판단력이 뛰어나서가 아니다. 일을 처리하기 전에 그만큼 많은 숙고의 과정을 거치기 때문이다. 내가 종종 단순하다는 소리를 듣는 까닭은 생각하면 바로 행동으로 옮기기 때문이다.

생각은 많이, 결정은 빨리 해야 한다. 우유부단함으로 시간을 낭비할 이유가 없다. 시간이 많을 때는 돈이 절실하지만 돈이 충족되고 나면 시간이 절실해진다. 바쁜 사람일수록 시간이 곧 돈이다. 그러니 오늘 죽을 수도 있다는 생각으로 계획을 세워서 시간을 활용해 보시기를 바란다. 많은 점이 달라질 것이다. 시간을 절약하는 하나의 방법은 문제를 단순화시키는 것이다. 헤밍웨이 같은 대문호도 작품을 쓸 때 사전을 찾아봐야 이해할 수 있는 단어는 사용하지 않았다. 어렵게 해서 잘 되는 일은 없다. 복잡하게 생각할 필요가 없다. 본질은 언제나 단순하다.

시간을 아끼는 또 하나의 방법은 일어나지도 않을 일을 걱정하지 않는 것이다. 지난 달, 혹은 지난해에 무슨 걱정을 했는지 생각해 보자. 그 일이 실제로 일어났는가? 10년 전을 돌이켜 보자. 그때 죽고 싶을 만큼 심각했던 고민이 지금도 중요한 고민인가? 10년 후에도 똑같이 고민하게 될 것인가? 쓸데없는 걱정에 시간을 허비하지 말아야 한다.

메모하는 습관도 시간을 관리하는 현명한 방법이다. 인간의 기억력은 신뢰할만한 것이 못 된다. 잊지 않도록 늘 메모하자. 시행착오로 시간을 낭비하지 않으려면 기록으로 남겨두자. 고객을 만나고 돌아오면 후회가 남기 마련이다. 그때 그 말을 했어야 하는데. 혹은 그 말은 하지 말았어야 하는데, 뒤늦게 깨달음이 찾아온다. 그런 순간을 나는 그냥 지나치지 않는다. 반드시 적어놓는다. 그 메모들은 데이터 베이스화되어 있다.

현대인들은 너나없이 바쁘다. 늘 시간에 쫓겨 산다. 그러나 진짜 성공하는 사람은 시간에 쫓기지 않는다. 시간을 통제하고 관리한다. 내게도 시간 관리는 큰 과제였다. 어떻게 하면 이 많은 일들을 제 시간에 올바로 처리할 수 있을까 늘 고민했다. 그러던 어느 날 꿈에서 아이디어를 얻었다. 자다 말고 일어나 나만의 타임 테이블을 메모해 두었다. 지금까지 나는 이 타임 테이블로 시간 관리를 하고 있다. 간단하지만 무척 효율적이다.

중요도

				1
20				

긴급도

우선순위가 제일 높은 일이 1번 칸이 되고, 우선순위가 제일 낮은 일은 20번 칸이 된다.

이런 식으로 긴급도와 중요도에 따라 빈 칸에 일의 내용을 적어 놓고 처리할 때마다 하나씩 지워나간다. 주 단위로도 만들고 월 단위로도 만들어 활용한다. 여러 가지 일을 우선순위에 따라 정리할 수 있고, 중요도와 긴급도를 한눈에 파악할 수 있는 장점이 있다.

시간의 노예 상태에서 벗어나 하루를 사흘처럼 사는 비결은 현명한 시간 관리에 있다. 일은 언제나 산더미처럼 쌓여 있고 중요하지 않은 일이 없지만 그 가운데서도 분명 우선순위가 있다. 일의 우선순위를 정하고 그에 따라 처리해 나가는 훈련이 필요하다. 일 속에 파묻혀 살다 보면 뇌에 과부하가 걸려 제 기능을 못하게 될 뿐 아니라, 중요한 일은 미루고 사소한 일에 목숨을 걸게 된다. 일에 질질 끌려 다니지 않으려면 계획부터 짜야 한다. 도식화해 늘 곁에 두고 체크 하는 방법만큼 효율적인 시간 관리도 없다.

5

절대 긍정 제5법칙 ● 미래

농부의 근면성보다
농사의 법칙을 배워라

23
글로벌 넘버원을 향하여

●

무엇인가 크게 성공하려면 농사의 법칙 세 가지를 이해해야 한다. 농부의 근면, 성실도 중요하지만 그것과는 다른 차원의 이야기이다.

첫째, 심은 대로 거둔다. 모든 추수는 씨앗에서부터 시작된다. 무엇을 얼마나 심었느냐에 따라 추수가 결정되는 법이다. 아무 것도 심지 않은 밭에서 무언가를 거둘 수는 없다. 수박을 심은 곳에서 수박을 거두고, 땅콩을 심은 곳에서 땅콩을 거두듯이 성공하려면 긍정의 씨앗을 뿌려 두어야 한다.

둘째, 심은 것보다 더 많이 거둔다. 열매는 씨앗보다 수십, 수백 배 더 많이 거두어 한 자루의 씨앗으로 곳간을 가득 채울 수 있다. 긍정의 씨앗을 뿌리면 그 몇 배의 성공을 볼 수 있고 반대로 부정적인 마음의 씨앗은 자라서 몇 배의 파괴적인 실패를 낳는다.

셋째, 씨앗을 심은 다음 오랜 시간 후에 거둔다. 어떤 씨앗도 하룻밤 사이에 자라나는 것은 없다. 농부들은 봄에 심고 가을에 추수한다. 그 사이에 존재하는 여름에 찾아오는 가뭄과 홍수를 이겨내기 위해 수많은 수고를 해야 한다.

비즈니스에서 성공하기 위해서도 과정의 어려움을 이겨내기 위한 노력이 필요한 것은 결코 농사와 다르지 않다.

세일즈 세계의 별이 된 사연

지점장을 하던 2003년, 본사로부터 GA 개설 제의를 받았다. 'GA (General Agency)'란 생산성 높은 대형 지점의 지점장에게 상대적으로 많은 권한을 위임하는 형태의 조직을 말한다. GA 대표지점장은 인사분점 개설 자금 운용비용 집행 등 많은 부분에 권한을 갖는다. 선진국에서는 보편화된 시스템이지만 우리나라에서는 막 첫 걸음을 땐 단계였다. 다시 새로운 도전을 해야 했다. 내가 수락하면 우리 지점은 메트라이프코리아 제1호 GA가 된다. 제1호가 실패하면 제2호, 제3호는 나올 수 없기 때문에 반드시 성공해야 한다는 부담이 있었지만 나는 하고 싶었다. 내 의지대로 자유롭게 지점을 경영하고 싶었다. 내가 전적으로 권한을 갖게 된다면 어느 지점보다 잘할 자신이 있었다. 지금까지의 성공이 앞으로의 성공도 담보할 것이다. 처음부터 실패는 걱정하지 않았기에 실패에 대한 계획을 세울 필요가 없었다. 성공할 계획만 갖고 있으면 되는 것이다. 나는 다시 한 번 성공에 도전해 보기로 결심했다.

STAR MGA Master General Agency는 그렇게 출범했다. 2003년 10월, 지점장 활동 1년 만의 일이었다. 대치동에 사무실을 열고 에이전트 12명, 매니저 4명으로 첫 발을 내디뎠다. STAR는 'Sucess(성공)', 'Training(교육)', 'Achievement(성과)', 'Recruiting(채용)'의 약자이다. 이름에 걸맞게 우리는 빛나는 성과를 이룩해갔다. 초기 멤버 16명이 이루어낸 성과가 타 지점 60여 명이 이룬 성과와 같았다. 신규 지점으로서 대단한 성공이었다.

첫해 12월 월간 신기록 수립을 시작으로 현재까지 우리는 여러 가지 새로운 기록을 창조해 왔다. 특히 2004년 12월에는 4개 부문(건수, 인당 생산성, 리쿠르팅, SC)에서 메트라이프코리아 1위를 기록했다. '글로벌 넘버 원'이라는 슬로건이 현실화되는 순간이었다. 2005년에는 MPC Triple Crown을 달성하기도 했다(AM 1위, FM 1, 2, 3위, FSR 1, 2, 3위). STAR GA 창립 이후 현재까지 메트라이프 전 세계 지점 중에서 총 매출 1위를 연속 52개월 동안 기록하고 있다.

성공한 GA를 견학하기 위해 여러 나라를 방문해서 많은 것을 배웠지만 우리만큼 빠른 성장을 한 조직은 보기 힘들었다. 우리나라에도 이제는 GA 형태의 대리점들이 늘고 있다. 그에 비례해서 실패하는 GA도 늘고 있다. 남들과 똑같이 하기 때문이다. 따라 해서는 성공할 수 없다. 남들이 가지 않는 길만 찾아가는 미친 조직이 될 필요가 있다.

끊임없이 차별화를 도모해 온 우리는 매년 성장을 거듭했다. 현재 에이전트 수는 매니저 포함 모두 합쳐 250여 명이다. 16명으로 시작했던 4년 전을 생각하면 놀라운 성장이다. 질적으로도 우수하다. 구성원의 과반수 이상이 억대 연소득을 달성하고 있다. STAR MGA에만 오면 성공한다는 말이 나올 정도다.

우리는 말 그대로 보험 업계의 스타가 되었다. 반짝이는 별이 된 것이다. 많은 이들의 벤치마킹 대상이 되었고, 성공 비결을 듣기 위해 고액의 강사료를 제시하며 강의를 요청해 온다. 나는 흔쾌히 응한다. 정보는 공유해야 하고 노하우는 공개해야 한다. 나도 했으니 당신도 할 수 있다는 용기를 주기 위함이다.

그렇다면 우리 조직의 성공 비결은 무엇일까?

STAR MGA의 성공비결

STAR MGA의 성공비결은 첫째, 'All for One, One for All' 정신에 있다. STAR GA 구성원은 모두가 한 사람을 위해, 한 사람은 모두를 위해 양보할 자세를 갖고 있다. 우리 조직에서는 이기주의를 찾아보기 힘들다.

세일즈맨들은 조직적으로 모이기가 어려운 특성이 있다. 어렵게 뭉친다 해도 시너지를 내기 힘들다. 세일즈맨은 어떻게 보면 사업소득자이다. 일종의 독립적 사업을 수행한다. 조직에 구속되기 싫어하고 개인주의 성향이 강하다. 전체의 화합보다 개인의 실적이 무엇보다 중요하다. 세일즈에서 실적은 절대 가치다.

그래서 일반적으로 팀 이기주의가 강한 게 사실이다. 매니저들은 자기 팀만 챙긴다. 다른 팀 에이전트에게는 신경 쓰지 않는다. 이익 구조와 조직 체계상 그렇게 갈 수밖에 없다. 신입들은 조직 분위기가 살벌하다고 느낀다. 같은 조직 구성원이라도 동료라기보다는 경쟁자로 여긴다. 동료가 잘 되면 배 아파하고 시기하며 루머가 돈다. 힘들 때 돌아보면 아무도 없다. 다들 실적 올리기에 바빠 동료의 아픔에 눈 돌릴 겨를이 없다.

우리 조직은 무엇보다 인화를 중시한다. 실적을 높이 평가하되 실적만 중시하지 않는다. 동료가 잘 되면 시기하는 대신 축하해 준다. 나는 따뜻하고 사람 냄새가 나는 조직을 만들고 싶다. 다행히 그런 나의 뜻을 잘 이해해 주는 구성원들 덕분에 앞에서 끌고 뒤에서 밀어주며 다 함께 승리하자는 마인드가 형성되어 있다.

타인을 배제한 혼자만의 성공은 의미가 없다. 주위가 모두 불행한데 홀로 행복할 수는 없다. 우리 지점의 구성원들은 함께 성공하고자 노력하는 분명한 기업문화를 공유한다. 동료가 성공하면 나의 성공처럼 기뻐한다. 신입 에이전트가 입사하면 30명의 매니저 모두가 반가워한다. 내 팀에 배속되지 않더라도 최선을 다해 교육을 지원한다. 바쁜 소속팀 매니저 대신 그 팀을 교육하기도 한다. 어떤 팀 소속이건 에이전트들에게 애정을 갖는다. 좋은 고객을 만나면 에이전트에게 소개도 해준다. 세일즈맨이 다른 세일즈맨에게 계약 기회를 양보하는 것이다. 교육과 시스템의 결과이다. 나는 에이전트들에게 늘 STAR MGA는 세일즈맨들을 위해 뭉친 조직이라는 점을 주지시킨다. 나 혼자 가는 게 아니라 동료와 함께 가는 것이다. 중요한 것은 당장의 실적이 아니라 세일즈맨들의 미래이다.

그런 가치 아래 시스템을 정비했다. 타 지점에는 없는 조직도를 만들어 부서를 나누었다. 크게 인사교육, 영업기획 부서로 나뉘는데, 매니저들은 팀원을 관리하는 동시에 특정 부서에 소속되어 역할을 분담한다. '너희 팀은 네가 알아서 하라'가 아니다. '너는 모든 에이전트의 교육을 맡고, 너는 인사를 담당하라'이다. 보험업계에서는 파격적인 시스템이다.

두 번째 성공 비결은 비전이다. 우리에게는 비전과 그에 관한 구체적이고 명확한 그림이 있다. 나는 에이전트들에게 늘 다음 단계의 그림을 제시한다. 그림을 성취하기 위해 열정을 쏟도록 독려한다. 모두가 같은 지향점을 향해 나아가도록 분위기를 조성한다. 비전이 있는 한 회의하지 않고 매진할 수 있다. 방황하지 않고 한 길을 갈 수 있으며 불안감 없이 일할 수 있다.

나는 선진국의 성공한 GA 점포를 견학한 적이 있다. STAR MGA는 그 곳보다 성장 속도가 빠르다. 우리 구성원들도 선진국 GA 못지않은 성공을 누리게 될 것이다. 그것이 현재 우리 조직의 비전이다.

셋째는 차별화된 마케팅이다. 우리는 회계사·세무사·변호사와의 연계 마케팅으로 전략적인 세일즈를 행한다. 이제는 토털 라이프 케어라는 새로운 마케팅 개념을 도입해서 차별화해 나가고 있다.

마지막으로 열정을 꼽을 수 있다. 우리 조직은 언제나 열정이 넘친다. 나는 열정적인 사람, 에너지가 넘치는 사람이 좋다. 나의 충만한 에너지의 근원은 다 같이 잘 되기를 바라는 마음이다. 다른 사람들이 잘 되었으면 좋겠다. 그래야 내게 밥이라도 사지 않겠는가.

사람들, 특히 세일즈맨들을 성공으로 이끄는 것. 그것이 나의 대의이다. 대의를 생각하면 나는 에너지가 생기고, 열정이 솟는다. 리더의 열정은 구성원들에게 전염된다. 조직의 리더는 뜨거워야 한다. 내가 뜨거워야 남도 달굴 수 있다.

열정은 성공의 경험에서 나온다. 성공의 경험이 축적되면 열정의 수위도 높아진다. 한번 높아지면 실패해도 열정이 식지 않는다. STAR MGA는 출발할 때부터 성공적이었다. 4년간 누적된 성공의 경험으로 구성원들은 모두 자부심을 갖고 있다. 하면 된다는 믿음과 하고자 하는 의지가 있다. 성공은 열정을 일으키고 열정은 성공을 불러오는 선순환의 고리를 만들어 냈다.

성공자란 실패에서 많은 것을 배워서, 새롭게 연구해 낸 방법으로 또다시 문제에 뛰어드는 사람을 말한다. ─ 데일 카네기

24

시스템이 사람을 만든다

●

인간의 본성에는 어리석고 악한 면이 있다. 그 본성을 긍정적으로 통제하는 것이 시스템이다. 인간이 모여 있는 곳에는 규율이 필요하다. 규율이 강제로 이루어지는 것이라면 시스템은 자연스러운 통제이다. 한때 은행 창구에서 한국 사람들이 줄을 잘 안선다고 언론이나 양식 있는 사람들마다 지적하고 계몽을 했지만 잘 고쳐지지 않던 시절이 있었다. 그 문제를 한 번에 해결한 것은 더 강력한 법률이나 사람들의 높아진 윤리 의식이 아니었다. 바로 대기 번호표를 뽑아 번호 순서로 업무를 보도록 만들어 준 시스템 덕이었다. 이처럼 잘 설계된 좋은 시스템은 똑같은 사람을 전혀 다르게 행동하게 하고 전에는 상상할 수 없는 성과를 낼 수 있도록 만들어 준다. 나는 지점을 운영하며 '금융 MBA 시스템'을 적용하기로 했다. 입사 후 5년간 이어지는 정규 교육이다. 금융 MBA 시스템을 만들고 따로 교육 담당을 두면서 효율성은 매우 높아졌다.

옛말에 현자(賢者)는 모든 사람들로부터 배우는 사람이고 부자(富者)는 자기가 지금 가진 것에 만족하는 사람이며, 강자(强者)는 자기와의 싸움에서 이기는 사람이라는 말이 있다. 어떤 의미에서 좋은 시스템은 약하고 흔들리기 쉬운 개인들 모두를 강자로 변화시키고 부자와 현자로 업그레이드해주는 장치라고 생각한다.

금융 MBA를 향한 꿈

STAR MGA는 '금융 MBA'를 꿈꾼다. 때문에 에이전트들은 언제나 공부에 열심이다. 일주일에 세 번, 오전 8시부터 밤 10시까지 주 10시간 이상 교육을 받는다.

매주 토요일에는 '타깃 마켓 미팅'이라는 이름으로 교육을 받는다. 이때는 배경 음악으로 팝송을 틀어놓는다. 토요일이므로 분위기가 부드러울 필요가 있다는 생각에서이다. 타깃 마켓 미팅에서는 세분화한 시장을 연구한다. 각 직업에 대한 특성을 파악해 차별화된 마케팅으로 접근하기 위함이다. 직업의 특성을 이해하면 고객에게 접근하기 쉽다. 이를테면 오전 시간이 자유로운 직업이 있는 반면 오후 시간이 편한 직업이 있다. 각 직업군마다 상대하는 전략을 파악할 수 있다. 각 직업의 특성을 이해하는 것만으로도 고객을 만날 때 많은 도움을 얻을 수 있다.

그 외 각종 강의와 특별 교육이 있다. 외부 강사들도 모두 최고의 전문가이다. 가장 좋은 투자는 사람에 대한 투자이다. 마지막까지 남는 것은 사람이기 때문이다. 우리 조직에서 세일즈맨으로 살아남으려면 힘든 교육 과정을 견뎌내야 한다. 전문가로 성장하기 위해 필요한 지식을 습득하고, 프로 세일즈맨으로서 필요한 마인드 컨트롤도 배운다. 성공을 위한 동기부여도 빠질 수 없다.

교육 시스템을 정비하면서 나는 실제로 '금융 MBA'라는 개념을 도입했다. 장기 프로그램으로 커리큘럼도 이미 짜여 있다. 교육 내용은 입사 연수와 실적에 따라 차별화되어 있다.

신입 에이전트들은 교육 강도가 더 높다. 세일즈 마인드를 집중 함양하기 위해서이다. 보험 세일즈에 뛰어든 동기를 재확인하고 조직의 비전을 공유한다. 현장에 나가기 전에는 반드시 롤 플레이를 통한 예행연습으로 실전에 대비한다. 무대에 오르기 전의 마지막 리허설인 것이다.

한 사람은 고객 역할을 맡고 다른 한 사람은 에이전트의 역할을 맡는다. 에이전트는 교육받은 프로세스대로 상담을 진행한다. 상대는 고객의 입장이 되어 임의로 반응한다. 이렇게 롤 플레이가 끝나면 다른 에이전트들이 상세한 리뷰를 해준다.

목소리와 몸짓, 태도가 적절했는지 이야기한다. 사용한 단어는 올바른 것이었는지, 표현은 적당했는지, 설득력이 있었는지 등을 평가한다. 이 때 우수한 에이전트들은 잘못을 정확하게 짚어낸다. 지혜로운 사람들은 차이를 안다. 미묘한 차이를 분명하게 말할 줄 안다. 그렇지 못한 에이전트들은 무엇이 잘못되었는지 모른다. 대부분 잘 했다고 말한다. 차이를 알지 못하기에 뭉뚱그려 말하는 것이다.

신입 에이전트들에게 롤 플레이는 매우 유용한 교육이다. 미리 연습하고 보완함으로써 계약이 성사될 확률을 높일 수 있다. 롤 플레이를 하고 난 후 현장에 투입되었을 때와 그렇지 못했을 때의 차이는 매우 크다.

에이전트 스스로 절실히 느낀다.

이러한 교육 시스템이 있기에 STAR MGA는 성장할 수 있었다고 생각한다. 체계를 잡아놓지 않으면 매번 새로 시작해야 한다. 틀이 없으면 매번 시행착오를 해야 한다. 금융 MBA 시스템을 만들고 따로 교육 담당을 두면서 효율성이 높아졌다. 일련의 교육 과정을 거치면서 에이전트들의 자질은 향상되었고 생산성이 높아졌다. 매니저들로서도 에이전트 관리와 교육이 훨씬 수월해졌다.

시스템을 갖추는 일, 프로세스의 표준화 작업은 매우 중요하다. 공을 들여 최적의 시스템을 만들기 바란다. 시간과 노력을 들여 최적의 시스템을 만들면 그 다음부터는 시스템을 따라가기만 하면 된다.

성공을 부르는 시스템

한 음악가가 누구나 쉽게 음악을 작곡할 수 있는 방법을 고민하다가 해답을 발견했다. 우선 76개의 마디를 작곡해 번호를 매겨놓았다. 이제 주사위를 던질 차례다. 주사위에 숫자가 나타나면 그 숫자에 해당하는 마디를 오선지에 옮겨 적는다. 그렇게 16개의 마디를 조합하면 미뉴에트 한 곡이 나온다. 이런 방법으로 만들 수 있는 곡은 거의 무한대이다. 총 9,000억 개가 넘는다. 음악의 문외한이라도 아름다운 음악을 만들 수 있다. 주사위만 던질 줄 알면 한 곡의 미뉴에트를 작곡할 수 있는 것이다. 어느 음악가의 기발한 아이디어였다. 이처럼 시스템이 있으면 많은 것이 가능해진다.

W그룹은 정수기로 유명한 회사다. 연수기와 공기청정기 , 학습지도 판매한다. 그러나 내수는 한계에 부딪쳤다. 해외 시장으로 눈을 돌렸다고 한다. 그렇지만 그들이 수출한 것은 제품이 아니라, 시스템이었다. 인도와 중국에 판매 시스템을 전수해 수익을 창출했다. 이처럼 시스템은 그 자체로 훌륭한 상품이 되기도 한다.

세일즈맨들이 잘 되기 위해서는 세일즈 조직에도 시스템이 필요했다. 개성은 강하지만 한데 모이기 어려운 세일즈맨들을 시스템으로 묶어줘야 했다. 출장차 외국에 나갔다 서울로 돌아오는 비행기 안에서 머릿속에 조직도를 그렸다. 그 아이디어가 발전해 STAR MGA의 조직도가 되었다.

대부분의 에이전시들은 효과적인 조직도를 갖추고 있지 못한다. 에이전트 위에 매니저, 매니저 위에 지점장 하는 식이 전부다. 효율적인 시스템이라고 말하기엔 무리가 있다. 조직이 작기 때문이기도 하다. 우리 조직은 보험업계에서 찾아보기 힘든 큰 조직이다. 조직이 크면 시스템을 만들기 쉽다. 조직이 클 때 시너지 효과도 크다. 효율성이 높아지고 조직력도 극대화된다.

STAR MGA 조직은 분업 시스템이다. 매니저가 팀의 모든 면을 관리하지 않아도 된다. 각자 맡은 담당 부서 업무를 충실히 수행하면 조직은 원활하게 돌아간다. 개인의 시간적 여유도 늘어난다. 역할이 분명해짐에 따라 역할에 맞는 자질도 향상되었다. 전문성이 높아졌다. 자기 팀, 자기 지점만 생각하는 이기적인 성향이 감소했다.

인간의 본성에는 어리석고 악한 면이 있다. 그 본성을 긍정적으로 통제하는 것이 시스템이다. 인간이 모여 있는 곳에는 규율이 필요하다. 규율이 강제로 이루어지는 것이라면 시스템은 자연스러운 통제이다.

시스템이 정비되어 있으면 과오와 실수를 범할 확률이 낮아진다. 시스템이 완벽하면 실력이 부족한 사람도 성공적으로 일할 수 있다. 반면 시스템이 부적절하면 아무리 능력 있는 사람도 기량을 발휘하지 못한다. 완벽한 시스템은 그 자체로 성공을 보장한다. 시스템에 구멍이 나면 전체가 무너진다. 성안으로 피난한 왕이 있다. 병사들은 성문을 지키고 있다. 그 가운데 하나의 성문이라도 뚫리면 왕의 생명은 보장할 수 없다. 아무리 용맹한 왕이라도 그의 목숨은 성문을 지키는 졸병에 달려 있다. 성곽은 곧 시스템이다.

시스템이 사람을 만든다. 좋은 시스템은 악한 사람을 선하게 만든다. 나쁜 시스템은 선한 사람도 악하게 만든다.

25

씨 뿌리고 김매고 거둔다

●

새로운 리더십 패러다임으로 '섬기는 리더'가 부상하고 있다. 그 원형은 '수고하고 무거운 짐진 자들아 다 내게로 오라. 내가 너희를 쉬게 하리라(마 11:28)'고 말씀하신 예수에게서 찾을 수 있다. 여기에는 네 가지 요소가 필요하다.

첫째는 머리이다. 섬기는 리더로서 자신의 열정과 따르는 사람들의 성실한 참여를 유도하는 분명하고 설득력 있는 비전을 만들 수 있는 머리가 필요하다. 둘째는 마음이다. 예수는 제자들을 훈련시키고 소양을 키워주기 위해 대부분의 시간을 투자했다. 또한 광야에서 악마로부터 받은 가장 보편적이고 강력한 세 가지 시험 즉, 일시적인 만족이나 인정과 칭찬 및 권력의 부당한 사용에 대한 유혹을 이겨냈다. 셋째는 손이다. 좋은 의도와 올바른 생각은 좋은 열매를 맺기 위한 시작일 뿐이다. 리더의 의사 결정 하나하나가 장기적인 효과와 신뢰를 더욱 향상시키거나 망가뜨릴 수 있다. 리더는 비전을 이루기 위해 어떤 변화가 필요한지 확인하고 조직원들이 그 방향으로 움직이도록 도와야 한다. 그리고 에이전트들 개인의 발전도 고려해야 한다. 넷째로 습관이다. 어떤 행동이 몸에 배려면 처음에는 연습을 해야 한다. 늘 자기 성찰을 하고 예상되는 위기에 대비해야 하며 자신감을 가지고 흔들림 없이 전진할 수 있도록 스스로를 준비해 나가야 한다.

모두를 위한 준비가 나 자신을 위한 준비

매주에 한 번씩 열리는 전체 미팅이 있는 날 나는 거울 앞에서 연습을 한다. 마치 중요한 연설을 앞둔 정치가 같다. 에이전트들에게 감동을 주고 동기부여를 해줄 수 있는 내용을 고민하고 메모해 둔 좋은 문장을 검토한다. 매주 정기적으로 갖는 미팅이지만 언제나 처음처럼 준비한다.

자신감도 준비된 역량에서 나온다고 생각한다. 준비가 되어 있을 때 말에서 자신감이 배어 나온다. 미리 그 건에 대해 생각했기 때문에 상대를 설득할 수 있다. 상대의 주장이 논리가 강해도 나의 논리가 정교하게 준비된 것이라면 설득할 수 있다. 준비하는 사람이 이긴다.

내 일상은 미팅의 연속이다. 하루 8~10회씩 미팅을 갖는다. 최대한 짧은 시간에 최대한 정확히 의사를 전달하는 게 관건이다. 나는 간단명료하게 말하는 법, 에둘러 가지 않고 바로 핵심으로 들어가는 법, 효율적으로 대화하는 법을 연습한다. 미팅에 들어가기 전에는 머릿속으로 시나리오를 짠다. 준비는 달아나려는 행운도 다시 불러온다.

나는 원래 대화와 협상에 능한 사람은 아니었다. 또한 달변가도 아니었다. 다만 나는 사전에 충분히 준비할 따름이다. ROTC 동기로서 지금은 STAR MGA에서 함께 일하는 친구는 여전히 나를 놀라워한다. 그 시절의 나는 마치 없는 듯 눈에 띄지 않는 사람이었다. 그는 나를 보며

'사람이 완전히 변했다'고 말한다. 그렇다. 나는 완전히 변했다. 세일즈맨이 되면서 한 번 변했고 이후 지점의 대표지점장이 되면서 또 한 번 변했다.

보석상에 가면 누구나 감탄을 한다. 아름다운 보석들이 완벽하게 진열되어 있다. 고객이 원하기만 하면 언제든지 팔려나갈 준비를 빈틈 없이 갖추고 있다. 그렇게 진열되기까지 보석은 여러 과정을 거친다. 하나의 돌덩어리에 불과했던 보석은 섬세하게 다듬어져 가치 있는 상품으로 변한다.

리더는 보석과 같다. 다듬어져야 하고 준비되어 있어야 한다. 자기 관리에 철저해야 한다. 한 조직의 수장이 된 이후 나는 늘 나의 동료 에이전트들에게 모범이 되기 위해 노력한다. 이것은 나를 짓누르는 부담임과 동시에 큰 자부심이며 동기부여의 원천이기도 하다. 나 이상의 내가 되기 위해 항상 애쓴다.

나는 아침 7시 30분 이전에 출근해 9시까지 업무를 준비한다. 물론 나도 일체 지각을 하지 않는 건 아니다. 컨디션이 극도로 나쁠 때면 미리 연락을 해 출근 시간을 늦춘 적도 있다. 그렇지만 나는 연락도 없이 지각하는 에이전트에게는 분명하게 잘못을 지적한다. 단지 리더이기 때문이 아니라 나 자신이 그 같은 잘못을 하지 않기 때문이다.

대표지점장이 된 이후로는 술자리도 자제했다. 건강의 소중함을 깨닫고 술을 끊은 상태였지만 리더라는 책임이 더 중요한 이유였다. 나는 함께 일하는 동료와 에이전트들에게 술 마시는 데 시간을 낭비하는 모습을 보이고 싶지 않았다. 하루에 10분씩만 절약해도 한 달이면 5시간이 모인다. 1년이면 60시간이다.

퇴근 후 소중한 시간은 자기성찰이나 자기계발에 써야 한다. 나는 텔레비전을 보며 멍하게 시간을 보내거나 컴퓨터 게임으로 시간을 낭비하는 사람을 좋아하지 않는다. 에이전트들에게도 그렇게 말한다. 대표가 시간을 얼마나 아끼는지에 대해 에이전트들은 제 말을 이해한다.

나는 돈도 함부로 쓰지 않는다. 연소득이나 수당이 얼마나 많건 간에 보험 세일즈맨은 돈 관리를 잘해야 한다. 누군가가 돈을 가지고 있다면 그것이 얼마이든, 어떤 형태로 가지고 있건 간에 그는 이미 돈 관리하는 방법을 알고 있다는 뜻이다. 그만큼 자기관리가 되고 있다는 뜻이다. 반면에 돈을 함부로 쓰는 사람은 자기관리가 안 되는 사람이다. 특히 에이전트들은 돈 관리를 잘해야 한다. 계획 없이 돈을 쓰는 사람에게 어떤 고객이 자산 운용을 맡기겠는가?

리더는 스스로 만들어나가야 한다. 또 다른 내가 되어야 한다. 리더의 자질이 조직의 자질이기 때문이다. 나를 앞세우기 전에 한 조직의 대표지점장이라는 사실을 항상 자각하고 있어야 했다. 쉽지 않은 일이었다. 어느 한 순간 나는 '리더'라는 직책을 버리고 생각하기로 했다. 내가 계획하고 실행하고 있는 이 시스템은 에이전트뿐만이 아니라 나부터 다시 익히고 공부하는데 게을리 하지 않아야 한다는 생각이 들었기 때문이다. 정체되지 않으려고 고군분투했던 지난날을 떠올리며 마음을 다잡는다. 어찌 보면 조직을 위한 리더로서 준비했던 것이 나 자신의 꿈을 향한 또 다른 준비 단계였다는 생각이 든다. 이런 생각 덕분에 리더로서의 지금의 자리가 버겁게만 느껴지지는 않는다.

나의 리더십 원칙

우리 조직은 많은 뜬소문에 시달렸다. STAR MGA에 들어가려면 외제차를 타야 한다는 소문이 돌기도 했다. 심지어 입사하기 위해서는 돈을 바쳐야 한다고 믿는 사람들도 있었다. 내가 종적을 감추었다는 소문이 돌기도 했다. 이런 종류의 이야기는 귀여운 편이다. 우리 조직에 치명적인 영향을 미칠 뜬소문들이 많았다. 나는 그것을 일체 무시했다. 성공에 따르는 불편하지만 불가피한 스캔들로 치부했다. 하지만 치명적인 뜬소문에는 바로 대응했다. 대부분의 사람들이 그런 소문에 민감하게 반응하지만 나는 흔들리지 않았다. 리더가 단단히 중심을 잡고 있어야 조직이 흔들리지 않는다.

리더도 흔들린다. 리더도 두렵다. 그러나 또한 리더이기 때문에 흔들려서는 안 된다. 두려움을 이겨내는 가장 쉬운 방법은 가벼운 웃음이다. 긴장이 풀리고 여유가 생긴다. 해결책이 쉽게 떠오른다. 이겨낼 자신감이 생긴다. 웃음의 힘은 놀랍다.

흔들리지 않는 가장 좋은 방법은 무시다. 쓸데없는 것에 대한 집착을 버리는 것이다. 공들여 키운 에이전트들이 나가면 매니저들은 기운이 빠지고 회의가 든다. 교육 방향을 수정해야 하는 것은 아닌지 관리 체계를 변경해야 하는 것은 아닌지 조직이 제대로 가고 있는 것인지 의심하게 된다. 이는 쓸데없는 데 집착하는 것이다. 떠난 사람들에 연연할 것이 아니라 남은 사람들에 에너지를 쏟아야 한다.

결국 끝까지 남은 사람들이 나와 뜻을 함께할 사람이다. 조직이 갖고 있는 철학에 동의하는 사람들이 남는다. 그들은 조직의 지향점을 향해 함께 가고자 하는 사람들이다. STAR MGA에는 결국 사심 없는 사람들만 남았고 조직은 더 잘 되었다.

리더는 대담해야 한다. 신념대로 일을 추진하는 능력이 있어야 한다. 원칙을 밀고 나가는 힘이 있어야 한다. 원칙이 있고 그것을 지켜나갈 때 성공할 수 있다. 생각나는 대로, 마음 내키는 대로 행동해 서는 실패하기 쉽다. 원칙은 계획과 비전의 근간이다. 현실에 급급해 중장기적인 비전을 세우지 못하는 조직은 잘 될 수 없다.

주가 변동에 일희일비하는 한 수익을 낼 수 없다. 원칙 없이 내키는 대로 사고파는 한 손해를 볼 수밖에 없다. 반면 '절대로 섣불리 팔지 않는다', '우량주만 산다'는 나만의 원칙이 있었기 때문인지 나는 주식 투자에서 실패한 적이 거의 없다.

투자에 성공하기 위해선 채널을 단일화해야 한다. 의견이 올라오는 채널은 많지 않아야 한다. '문제가 많다'는 말이 오히려 문제를 양산한다. 풀지 못할 문제는 없다. 반대 의견에 귀를 열되 선별해서 들어야 한다. 합리적인 의견이라면 수용하고 잘못했다면 인정해야 한다. 그러나 원칙을 포기해서는 안 된다.

가장 강력한 나의 아군은 나 자신이다. 나는 내가 도와야 한다. 리더는 아군을 규합해 전진하되 누구보다 자기 자신을 믿어야 한다. 그 자신감이 조직을 흔들리지 않게 한다고 믿는다.

사람들은 익숙하지 않은 것에 거부감을 갖게 마련이다. 위험한 성장보다는 안전한 현상 유지를 원하는 경향이 있다. 그러나 내게는 우리 조직을 세계적인 굴지의 기업으로 만들고 싶다는 목표가 있었다. 나와 우리 STAR MGA 구성원들은 무거운 목표라고 버거워 하지 않았다. 우리는 할 수 있다고 생각한다. 어디서 그런 근거를 찾느냐고 묻는 다면 내가 답할 수 있는 것은 오직 '절대 긍정'의 철학이라고 하겠다. 눈에 보이는 숫자와 실적으로 말할 수도 있을 것이다. 분명 부족한 부분이 있겠지만, 그 부문에서도 자신은 있다. 그렇지만 나와 STAR MGA라는 조직을 이루고 있는 많은 에이전트들을 보며 우리가 내세울 가치는 처음부터 끝까지 절대 긍정임을 확신한다.

가치 있는 목표는 시간과 에너지를 요구할 뿐 아니라 반대와 압박이 더해질수록 단단해진다. 매 순간 어려움에 맞서 싸우고 성장하기 때문이다. 그 과정에서 결과는 중요할 수도 있고 그렇지 않을 수도 있다. 문제는 '실패하고 상처 받아도 다시 한 번 도전할 수 있는가'에 있다. 그 논리에서 보자면 나와 우리 STAR MGA 구성원들의 대답은 한결같이 'YES!'일 것이다. 단순하게 보일 수도 있다. 그렇지만 원칙대로 밀고 나가야 한다.

우리에게는 공들여 만들어 놓은 시스템이라는 무기가 있다. 항상 노력하는 에이전트들이 있다. 그들과 함께 하려는 강한 의지의 나 자신이 있다. 나는 두려울 것이 없다. 신은 좋은 선물을 주실 때 풀기 어려운 포장지에 싸서 주신다는 점을 잊지 말아야 한다.

/ 에
필
로
그 /

꿈을 이뤄가는 즐거움

절대 긍정은 성공에 가속도를 붙인다

이 책은 2008년 당시 STAR MGA 대표로서의 꿈을 그렸을 때 처음 출간되었다. 현재는 메트라이프코리아 글로벌 컴퍼니의 전속채널 영업 총괄전무로서 나의 꿈을 계속 펼쳐 나가고 있는데, 사람들은 나에게 묻는다. 젊은 나이에 어떻게 이런 성공을 누릴 수 있느냐고. '성공'의 정의를 어떻게 내리느냐에 따라 많은 답이 나올 수 있겠지만, 나는 성공했다고 생각하지 않는다. 내가 가진 것에 감사하지 않기 때문이 아니다. 나와 우리 STAR MGA 에이전트들은 전진해야 할 목표가 있고, 꿈이 있다. 가야할 곳에 아직 도착하지 못했는데 중간에 마냥 쉬고 있을 수는 없는 노릇 아닐까? 나는 내가 누리는 모든 것에 감사하다. 그렇지만 마냥 그 향기에 취해 있을 수는 없다.

성공의 의의를 연소득에만 국한한다면 나는 비교적 성공했다고 할 수 있을 것 같다. 에이전트로 시작하여 지점장, STAR MGA 대표, 본부

장을 거쳐 영업채널 총괄 전무에 이르기까지 20년이 흘렀다. 대치동에 STAR GA 사무실을 열고 에이전트 12명, 매니저 4명으로 첫 발을 내디딘 것이 2003년 10월이었다. 그 구성원이 STAR MGA로 성장했으며 구성원의 과반수 이상이 억대 연소득을 올렸다.

물론 고액 연봉, 좋은 집, 고급 승용차가 인생의 전부는 아니며 성공의 유일한 척도도 아니다. 이로써 내 꿈이 완성된 것도 아니다. 나는 아직 하고 싶은 일이 많으며 이루어야 할 목표도 줄 지어 기다리고 있다. 지금까지의 성취를 감사하게 생각하지만 현재에 온전히 만족하지는 않는다. 제 미래에는 더욱 역동적이고 희망찬 삶이 펼쳐질 것이기 때문이다.

어려운 시절이 있었기에 지금의 내 모습에 자긍심을 가져도 되겠다는 생각도 들곤 한다. 나의 출발점은 결코 남보다 유리하지 않았다. 평범한 사람이었을 뿐이다. 그렇지만 내게는 꿈이 있었고 주어진 일을 포기하지 않고, 반드시 이루겠다는 열정이 있었다. 나의 꿈과 열정에 날개를 달아준 것이 세일즈였다. 세일즈라는 직업을 선택한 후, 나는 이 직업을 통해 많은 깨달음을 얻을 수 있었다.

내가 세일즈를 통해 얻은 경험을 말하고, 더군다나 책을 내는 일이 리스크 있는 행동이라는 생각도 해보았다. 연륜과 지식의 깊이가 일천하고, 지금의 내 상황을 성공이라고 말하기에는 크게 성공한 다른 이들의 경우에 비한다면 미약하기 때문이다.

그럼에도 불구하고 출판사에서 출간을 의뢰해 왔을 때 수락한 것은 책을 통해 나의 경험과 방법론을 공유하는 일이 매우 의미있는 일이라고 판단했기 때문이었다. 이 책을 통해 독자들의 성공에 가속도를 붙일 수 있다면 더 바랄 것이 없겠다고 생각했다. 세일즈를 통해 많은 사람들을 만나면서 알게 된 경험은 그렇지 않았다면 훨씬 긴 시간을 통해 알게 될 인생 경험들을 앞당겨서 체득하게 만들었다. 세일즈는 인간에게 꼭 필요한 경험과 성공의 시간을 압축시켜 준다고 믿는다.

　나의 경험에 비추어 볼 때 비즈니스맨으로서 성공에 가속도를 붙이는 방법은 크게 두 가지라고 생각한다. 첫째는 비즈니스맨 각자가 지녀야 할 절대 긍정의 마인드와 자세를 갖는 것이고, 둘째는 자신의 생산성을 향상시키고 여러 사람이 함께 팀워크를 이루어 시너지를 낼 수 있도록 체계화 하는 시스템적 사고방식을 갖는 것이다.

　입사 후, 시간이 갈수록 노력하는 만큼 성과가 나오는 세일즈가 좋아졌고 금융업의 전망에 대한 생각도 확고해졌다. 어느덧 돈 때문이 아니라 일 자체를 즐기고 있는 스스로를 발견하게 되었다. 작지만 자연스럽게 '성공'이라는 단어도 따라붙었다. 절대 긍정의 힘이었고, 세일즈라는 직업이 아니었다면 결코 가능한 일이 아니었다.

　지금도 많이 나아졌다고는 하나, 보험 세일즈에 대한 사회적 인식은 여전히 높지 않다. 보험뿐만 아니라 모든 세일즈맨이 그 가치만큼 대우받지 못하고 있다. 그러나 세일즈맨의 위상은 계속 높아질 수밖에 없다.

한국 경제가 선진화될수록 세일즈는 산업의 중요한 부문으로 자리매김 하게 될 수밖에 없기 때문이다.

세일즈맨은 절대 긍정의 힘을 믿고 당당해야 한다. 이제는 '을'의 세일즈에서 '갑'의 세일즈로 나아가야 할 때이다. 제품이나 서비스를 구매하는 쪽이 갑, 이를 파는 쪽이 을일 때 을은 언제나 약자였고 갑은 상대적 강자였다. 무언가를 팔기 위해 을은 갑에게 잘 보여야 하고 갑은 구매자라는 위치를 이용해 횡포를 부리기도 했다.

하지만 나와 독자 여러분에게 경쟁력이 있다면, 우리가 파는 제품이나 서비스가 뛰어나다면, 갑이 먼저 우리를 찾을 것이다. 우리를 놓치지 않기 위해 우리에게 공을 들이고 우리를 극진히 대접할 것이다. 우리는 훌륭한 제품이나 서비스를 제공함으로써 고객에게 도움을 주는 사람이다. 고객은 우리에게 고마워하고, 우리는 고객에게 당당하다. 그것이 갑의 세일즈이고 절대 긍정의 힘이라고 믿는다.

세일즈 3W 정신 : 'Why, What, Where'

갑의 영업을 하자고 늘 강조하면서도 갑의 입장이 되었을 때 겸손하지 않으면 결코 발전할 수 없다는 사실도 잘 알고 있다. 갑의 세일즈맨으로서 여전히 그 능력을 계발하기 위해서는 분명한 방향성을 필요로 하다. 겸손을 넘어서 실력으로 인정받는 시스템의 구축이 필요하다. 그래서 신입 에이전트나 후배들에게 강조하는 것이 '세일즈 3W 정신'이다. 내가 말하는 3W 정신에는 물론 1주일에 3건의 성과를 올리자는 일반적인 의미도 내포되어 있지만, 여기에 더불어 'Why, What, Where'의 의미도 포함하고 있다. 이 3W를 확실한 자기 것으로 만들어 내야 한다.

'Why'는 왜, 세일즈인가에 대한 물음이다. 21세기는 나를 파는 세일즈 시대이다. 단순히 상품을 파는 게 아니라 정신과 미래를 팔아야 하기 때문에 세일즈맨으로서 자신에 대한 근본적인 문제를 확고히 정립해 두어야 한다.

'What'은 무엇을 공략할 것인가에 대한 방법론이다. 단순한 수익률 이상의 가치를 창출하는 새로운 세일즈를 실현하기 위해서는 고객의 문제를 해결해 줄 수 있는 과학적이고도 객관적인 방법론을 익혀야 한다.

'Where'은 어디에서 시작할 것인가에 대한 실천적인 개념이다. 나와 당신의 마음부터 전환하고, 혁명하지 않으면 결코 성공적으로 출발할 수 없다. 나로부터 방향을 잡고 새롭게 출발해야 제주도로 향하든, 병원으로 향하든 고객에게 어떠한 이익이 있는지 설득해낼 수 있다.

이 책은 그동안 내가 세일즈를 통해 얻은 경험과 깨달음을 담은 책이다. 기록을 가진 문화는 융성하며 발전의 속도를 가속할 수 있다. 반대로 그렇지 못한 문화는 후세의 사람들 역시 숱한 시행착오를 거치며 하나하나 깨우치며 나아가야 하기 때문에 발전이 더딜 수밖에 없다. 그런 의미에서 세일즈 현장의 한복판에서 겪은 지난 시간의 내 경험이 독자들의 시간과 에너지를 조금이라도 절약해 줄 수 있기를 바란다.

나는 보이지 않는 절대적인 힘이 반드시 존재한다고 믿는다. 그것은 내가 믿는 하나님일 수도 있고, 각자가 믿는 신앙일 수도 있고, 개인의 내면적 자신감일 수도 있다. 나도 언젠가 물러날 때가 준비되어 있음을 믿는다. 그것이 내가 믿는 하나님의 섭리이다. 나보다 더 역량 있는 후배들을 보면 흐뭇하면서도 한편으로 질투가 나는 것은 아직은 내가 너무 젊기 때문일 것이다. 내가 아직도 세일즈를 사랑하기 때문일 것이다. 나는 안주하고 싶지 않다. 할 일이 많고 꿈이 있다는 명분도 사실 나의 넘쳐나는 에너지 덕분일 것이다. 나는 이런 열정을 사랑한다. 언제나 꿈을 향해 뛰는 나의 의지를 믿는다.

후배들과 동료를 보며 지금은 우리가 목표로 하는 그날을 앞당기기 위해 아직 할 일이 많이 남아있음을 느낀다. 이제 신발 끈을 다시 단단히 쬘 시간이다. 처음으로 돌아가기 위해서 처음의 각오와 처음의 의욕과 처음의 행동으로 돌아갈 것이다. 언제나 처음처럼.

김성환의 행복한 부자학 특강

▌특강 1▐ 자녀 교육에 올인하지 마라

과도한 사교육비 지출에 대한 재고
— 교육비 지출 과다로 가계 소비지출 부담 가중

재테크에 조금이라도 관심이 있는 사람이라면 투자를 하기 위한 종
잣돈 마련이 얼마나 중요한지 잘 알 것이다. 종잣돈이 있어야 그것을 이
용해 부동산이나 주식, 또는 고수익의 금융상품에 투자할 수 있기 때문
이다. 그리고 누구나 잘 알고 있듯이 종잣돈을 마련하는 가장 기본적인
방법은 저축이다. 그런데 저축률이 급격히 떨어지고 있다. 이는 시중 은
행의 금리가 매우 낮기 때문이기도 하지만, 더욱 근본적인 이유는 사람
들이 저축을 할 여유가 없기 때문이다.

그럼 사람들에게서 저축할 여유를 빼앗아간 원인은 무엇일까. 그것은 바로 사교육비다. 저축률이 급락했다는 것은 여기저기에 투자를 해서 자신의 자산을 불리고 싶어도 투자할 돈이 없다는 것을 의미한다. 그러나 대부분의 사람들은 이러한 심각성을 인식하지 못한다. 이는 자식에 대한 사교육비 지출도 엄연히 미래를 위한 투자라고 생각하기 때문이다. 그러나 자식들이 나중에 자신들의 노후를 책임져 줄 것이라고 생각하는 것은 엄청난 착각일 수 있다.

경찰청에서 자살자를 집계한 결과 60세 이상이 전체 자살인구의 3분의 1을 차지했다는 결과를 내놓은 적이 있다. 일선에서 사건을 담당하는 경찰관의 말을 빌리면 노인들이 이렇게 많이 자살하는 이유는 '자식에게 외면당하거나 병마에 시달리기 때문'이라고 한다. 이는 자식 교육에 올인한 결과 자식에게도 버림받고 노후대비도 하지 못했기 때문에 벌어진 일이다. 실제로 한국갤럽이 조사한 〈한국인의 은퇴준비 현황과 의식구조〉에 따르면 대상자의 60퍼센트 이상이 자녀교육비 부담이 커서 노후준비를 못한다고 대답했다.

최근에 방영한 한 방송 프로그램은 자녀 교육에 모든 것을 투자하는 것이 얼마나 위험한 것인지 잘 보여주었다. 방송에서는 아들 둘을 유학 보낸 기러기 아빠 A씨가 자녀 교육에 20억 원 재산을 쏟아 붓고 노후대책은 꿈도 꾸지 못하는 모습을 보여주었다. 현재 두 아들들이 명문대학교에 진학해 유학은 성공한 편이지만 오랜 기간 비싼 학비와 아들들 생활비를 대느라 A씨는 살던 아파트마저 팔고 어머니 집으로 들어가 살고 있었다. 그런데다 그간 스트레스로 건강마저 망가졌고 심지어 최근 비밀리에 한국에 들어온 아내는 A씨에게 이혼을 통보했다.

사교육 열풍의 함정
— 교육에 대한 투자는 최소 20년 이상을 고려해야

문제는 자녀 교육에 올인하는 것이 그 어떤 계층을 막론하고 광범위하게 퍼져 있다는 것이다. 그에 따른 결과는 소득이 낮은 계층으로 갈수록 더욱 처참하게 나타난다. 방송에서는 넉넉지 않은 형편에도 불구하고 딸을 유학 보낸 B씨의 경우를 소개했다. B씨는 유일한 재산인 13평 아파트마저 팔고 친정 남동생 집에서 생활하고 있었다. B씨는 밤 12시부터 아침까지 떡 공장에서 일하고, 남편은 새벽부터 막노동을 하며 학비를 대는 상태였다. 그리고 얼마 전 마지막 남은 900만 원을 털어서 보내주는 것으로 딸 유학비를 대는 것은 끝났지만 이제 B씨에겐 남은 것이 아무것도 없었다.

그러나 대부분의 사람들은 현실이 이럼에도 불구하고 내 자식만큼은 나를 외면하지 않을 것이라고 안이하게 생각한다. 그러면서 여전히 자식 교육에 모든 것을 걸고 있다. 백번 양보해서 자식에 대한 투자 역시 투자의 한 가지 방법이라고 하자. 그리고 한 발짝 물러나 자식에 대한 투자를 냉정히 분석해보자. 일단 단순하게 생각해도 자식에 대한 투자가 결실을 맺으려면 최소한 30년은 걸린다고 봐야 한다. 그리고 최근의 교육은 유치원 때부터 시작된다고 봤을 때 자식 교육에 대한 투자는 적게 잡아도 20년 이상을 해야 한다. 그런데 그렇게 장기간 대부분의 자산을 투자하고도 그 결과는 불확실하다는 것이 문제이다. 자식이 자신을 부양할 수 있을 만큼 사회적으로 성공할 수 있을지 없을지, 또는 성공한다 하더라도 자신을 부양할지 안 할지 너무도 변수가 많다. 그러나 자식에 대한 투자 중에서 사교육비 정도만이라도 줄여 다른 곳에 투자했다고 생각해보자. 풍족하게 쓸 수 있느냐 그렇지 못하느냐의 차이는 있겠지만 최소한 생활고를 비관하여 자살하는 일은 없을 것이다.

그러나 이렇게 답이 빤히 드러나도 자식 교육을 포기하고 자신에게 투자를 하는 사람은 거의 없을 것이다. 자신은 굶어 죽더라도 자식만큼은 잘 살기를 바라는 것이 부모의 마음이기 때문이다. 그러나 여기서 조금만 더 생각을 발전시켜 보자. 자식이 정말로 잘 살기를 바란다면 불확실한 자식의 미래에 투자하기 보다는 좀 더 확실한 오늘날의 자신에게 투자하는 것이 자식을 위하는 길이라는 것을 알 수 있을 것이다. 자신이 부를 축적하여 자식에게 물려주는 것만큼 확실한 자식 뒷바라지는 없기 때문이다.

그리고 자신의 미래를 위해 투자를 하는 부모의 모습을 보여주는 것만큼 지식에게 도움이 되는 교육은 없을 것이다. 부모의 노력하는 모습을 보고 자란 자식이라면 부모가 이룩한 부를 헛되이 낭비하는 일은 벌어지지 않을 테니, 이것은 그 어떤 사교육도 가르치지 못하는 살아있는 재테크라 할 수 있다. 사교육을 받는다고 하더라도 꼭 좋은 대학에 진학한다는 보장도 없다. 실제로 사교육의 일번지인 강남지역에서의 명문대 진학률은 해마다 떨어지고 있다.

그리고 무엇보다도 사교육이 불필요하다는 확실한 증거는 사교육이 없던 시대에 자라난 우리의 앞선 세대들의 경우 사회에 진출하여 훌륭히 자신의 맡은 역할을 다했다는 것이다. 이렇게 볼 때 오늘날의 사교육 열풍은 남이 하니까 나도 해야 한다는 심리에서 비롯된 것일 수 있다. 그러니 이제부터 눈 딱 감고 자신에게 투자를 하자. 현재의 40, 50대는 자신은 부모를 부양하고도 자식들에게는 부양받지 못할 첫 세대가 될 가능성이 가장 큰 세대이다. 따라서 지금이라도 늦지 않았으니 부모도 부양하고 자식에게도 신세지지 않는 첫 세대가 되기 위해서 자신의 미래에 투자하기를 바란다.

| 특강 2 | 투자와 포트폴리오를 정립하라

투자에 대한 오해

— 장기간에 걸쳐 계획성 있는 투자가 필요하다

나에게 어느 정도의 여유 자금이 있다고 하더라도 막상 그것을 어떤 곳에 투자하려고 하면 막막한 경우가 많다. 도대체 어떤 곳에 투자해야 수익을 올릴 수 있을지 판단이 안 서기 때문이다. 그러나 이것은 참 어리석은 생각일 수 있다. 어디에 투자해야 수익을 올릴 수 있을지 확실히 알 수 있다면 누구나 다 부자가 될 수 있기 때문이다. 사실 이러한 생각은 투자에 대한 오해에서 비롯된 것일 수 있다.

물론 투자의 가장 큰 목적은 수익을 올리는 것에 있겠지만 고수익을 올리기 위해서는 그만큼의 위험도 따른다는 것을 알아야 한다. 그런데 대부분의 사람들은 고수익 고위험, 저수익 저위험의 법칙은 무시한 채 고수익을 올릴 수 있다는 말만 들으면 앞뒤를 가리지 않고 투자를 하는 경우가 많다. 소위 말하는 '묻지마 투자'이다. 그래서 주식 시장이 활황이라는 말을 들으면 종목에 대한 분석 없이 아무 주식이나 사고, 서해안 어느 지역이 개발된다고 하면 주변 여건을 고려하지 않고 무조건 땅을 사놓고 보는 식의 투자가 이루어진다. 그러나 이러한 행위는 엄밀히 말하면 투자가 아니라 투기다. 당첨될 확률이 극히 낮음에도 불구하고 전

재산을 털어 복권을 사는 행위와 조금도 다를 바가 없다는 얘기다.

그러나 앞서 말했듯이 투자의 특성상 위험을 완전히 배제할 수는 없다. 별 위험 없이 보장된 수익을 얻을 수 있는 것은 저축 밖에 없지만, 우리는 저축을 투자라고 하지는 않는다. 적어도 저축 이상의 수익률을 얻을 수 있을 때 우리는 그것을 투자라고 부른다. 특히 요즘과 같은 저금리 시대에는 자산 증식을 위한 투자는 선택이 아닌 필수적인 요소다. 그렇다면 어떻게 하는 것이 올바른 투자일까? 이에 대한 해답은 이미 나와 있다. 저축 수익률보다 높은 수익을 올릴 수 있으면 투자라고 할 수 있으니 저축 수익률보다 조금 높은 수익을 목표로 투자를 하는 것이다. 사람들은 그렇게 해서 언제 돈을 벌 수 있냐고 생각하기 쉽다. 그러나 매년 저축 수익률보다 몇 퍼센트 높은 수익을 약 20년간 올렸다고 생각해보자. 그 액수는 생각보다 훨씬 클 것이다. 물론 물가상승률 등 여러 가지 고려할 요소가 많기는 하지만, 조그마한 차이가 나중에 엄청난 차이를 가져온다는 것을 말하고 싶다.

그리고 여기서 우리는 위험을 최대한 피해가라는 투자에 대한 원칙 이외에 또 다른 원칙을 찾을 수 있다. 그것은 투자는 단기간에 이루어지는 것이 아니라 평생을 두고 이루어진다는 것이다. 그러니 조급한 마음에 고수익에 현혹되어 평생 투자할 기회를 단 번에 날리는 잘못을 해서는 안 된다. 장기간에 걸쳐 계획성 있는 투자를 하기 위해 포트폴리오가 필요하다.

분산 투자만이 능사는 아니다

— 한 분야 안에서 포트폴리오를 짜라

'포트폴리오'라는 말은 여러 분야에서 다양한 의미로 쓰이고 있다. 금융 쪽에서, 특히 주식투자에서는 투자위험을 줄이기 위한 분산 투자의 의미로 쓰이고 있다. 그래서인지 몰라도 사람들은 투자를 위한 포트폴리오를 짜보라고 하면 부동산에 몇 퍼센트, 주식에 몇 퍼센트, 연금에 몇 퍼센트 하는 식으로 짜는 경우가 많다. 그러나 이는 한 가지만 알고 두 가지는 모르는 것이다. 모든 일에는 기초를 쌓는 것이 중요하듯, 투자 역시 기초를 쌓는 일이 중요하다. 따라서 분산 투자를 하는 것을 생각하기 이전에 집중 투자 하는 법을 알아야 한다. 그리고 집중 투자를 해야 하는 또 하나의 이유는 대부분의 사람 들이 분산 투자를 하기 위한 충분한 여유 자금을 갖고 있지 않기 때문이다.

예를 들어 내가 가진 여유 자금이 1억이라고 가정해보자. 그리고 이 것을 부동산에 30퍼센트, 연금에 30퍼센트, 보험에 10퍼센트, 주식에 30퍼센트 투자하겠다고 포트폴리오를 짰다면 아마도 1억을 은행에 정기예금으로 넣어두는 것보다 높은 수익률을 올리기는 힘들 것이다. 1억이라는 돈이 모아 놓으면 큰돈처럼 보이지만 실제로 여러 곳으로 쪼개고 나면 푼돈이 되기 때문이다. 그러므로 차라리 부동산이면 부동산, 주식이면 주식으로 집중하는 것이 보다 높은 수익률을 올릴 수 있다. 그리고 그 하나의 분야 안에서 포트폴리오를 짜는 것이 바람직하다.

　예를 들어 펀드 상품에 투자를 한다면 유럽 쪽 펀드에 얼마, 중국 펀드에 얼마, 베트남 펀드에 얼마 하는 식으로 투자를 한다든가, 주식의 경우 불안하나 고수익을 노릴 수 있는 주식을 얼마 샀다면 수익률은 낮을지라도 안전한 주식에 얼마를 배분하는 식으로 짜는 것이다. 여기서도 물론 너무 여러 곳에 분산투자를 하는 것은 바람직하지 않다는 것을 명심해야 한다. 그리고 부동산과 같은 경우는 분산 투자를 하고 싶어도 웬만한 여유자금 없이는 분산 투자가 어려우므로 자연스럽게 주택 아니면 상가나 오피스텔 같은 수익형 부동산 중 어느 한 쪽으로 투자를 하면 될 것이다. 그리고 계속 이와 같은 방식으로 자신의 자산이 불어남에 따라 좀 더 다양한 분야와 종목에 도전을 하면 될 것이다.

　그런데 포트폴리오의 좀 더 본질적인 의미는 자신의 '자산운용계획'이라고 할 수 있다. 말이 거창하게 들릴지 모르지만 자신의 수입에 대한 지출 계획이라고 생각하면 쉬울 것이다. 예를 들어 식비, 여가비, 자기계발비 등 지출할 항목을 정하고 각각의 항목에 대해 어느 정도의 비율로 배분을 할 것인가를 짜보는 것이다. 그리고 무엇보다도 중요한 것은 그것을 어떻게든 지켜나가는 것이다. 이번 달에 다른 지출 항목들은 정한 범위 내에서 지출을 했는데 식비가 초과됐으면 다음 달에 초과된 만큼 식비를 줄이든가 아니면 다른 지출 항목에서 조금씩 줄여야 한다는 말이다. 이런 것이 생활화되면 단기간에 여유 자산을 쌓을 수 있을 것이고 어떤 분야에 투자를 하건 현실성 있는 포트폴리오를 짤 수 있게 될 것이다.

사실 포트폴리오를 짜는 것에 있어 반드시 어떻게 해야 한다는 원칙은 없다. 아마도 유일한 원칙이 있다면 그것은 자신의 포트폴리오가 절대적이라고 말하는 항간의 소문에 현혹당하지 말고 자신만의 포트폴리오를 짜야 한다는 것이다. 투자하고자 하는 분야에 따라 다양한 포트폴리오가 존재하듯, 투자하는 사람의 상황이나 성향이 모두 다르므로 다양한 포트폴리오가 존재할 수밖에 없기 때문이다.

나아가 자신만의 포트폴리오를 짜기 위해서는 늘 자신이 투자하고자 하는 분야에 대한 끊임없는 공부와 그것을 실행에 옮기는 행동력이 필요하다. 그리고 때로는 투자에 실패하더라도 좌절하지 않고 다시 새로운 포트폴리오를 짜보는 끈기도 필요하다. 지는 경기에서도 배우는 것이 있듯, 실패한 투자를 통해서도 배울 수 있는 것이 있기 때문이다. 결국 나만의 포트폴리오는 다양한 시도와 시행착오를 통해 더욱 짜임새 있는 모습으로 변해갈 것이다.

그리고 앞서도 말했듯이 투자란 단거리 경주가 아니라 장거리 경주이다. 나만의 포트폴리오를 완성했다는 확신이 들면 단기간에 수익이 오르지 않는다고 조급해하지 말고 느긋하게 기다려야 한다. 일확천금에 대한 욕심만 버린다면 그 포트폴리오가 반드시 나에게 보답을 하는 날이 올 것이다.

부동산 버블이 시작됐다

─ 유럽, 수입의 50퍼센트까지 연금투자 추세

아직까지도 투자하면 부동산 투자를 떠올리는 사람이 많다. 그러나 이제 주거 목적 이외에 부동산에 투자하는 것은 매우 위험하다. 예를 들어 요즘 서울에서 투자 겸 주거 목적의 아파트를 한 채 장만하려면 대략 10억 가까운 돈이 있어야 한다. 그런데 대부분의 사람이 이런 목돈을 지니고 있지 못하기 때문에 대출을 받아 집을 사는 경우가 많다. 결국 은퇴할 때까지 원금과 이자를 갚아나가느라 다른 곳에는 눈도 돌리지 못하게 된다. 게다가 다행히 집값이 오르면 모르겠지만 떨어지는 경우 큰 손해를 보게 된다. 차라리 착실히 은행에 저축을 하는 것만도 못하게 되는 것이다. 그러나 사실 부동산의 가장 큰 문제점은 가격 하락의 위험성이 아니라 환금성이 떨어진다는 점이다.

위의 경우로 다시 돌아가 은퇴할 때까지 다행히 대출금을 다 갚고 나에게 10억짜리 집이 남았다고 생각해 보자. 문제는 집은 있으나 은퇴 후 쓸 생활비가 없다는 것이다. 아마 집을 유지하면서 기본적인 생활과 약간의 여가 생활을 즐기기 위해서는 적어도 한 달에 200만 원 정도의 자금이 필요할 것이다. 그러나 모아놓은 금융자산이 없으니 집을 담보로 해서 돈을 빌려 써야 할 텐데 사람의 심리상 집을 담보로 하여 노후 자금을 쓰기는 쉽지 않다. 왠지 얼마 안 되는 생활비 때문에 자신이 평생 피땀 흘려 장만한 집이 날아가 버릴 것 같은 생각이 들기 때문이다. 그렇다고 지금 당장 집을 팔아 좀 더 규모가 작은 집을 마련하고 남는 돈으로 노후를 보내기도 만만치 않다. 부동산이라는 것이 내가 팔고 싶다고 해서 당장 팔리는 것이 아니기 때문이다. 결국 당장의 생활에 쫓겨 성급히 매매를 하려다 손해를 보거나 울며 겨자먹기로 대출을 받을 수밖에 없을 것이다.

이는 수익형 부동산이라고 해서 예외는 아니다. 상가와 같은 수익형 부동산은 때때로 개보수와 같은 관리가 필요하고 세도 받아야 하는 골치 아픈 일이 많다. 물론 다달이 현금이 내 손안에 들어온다는 장점은 있지만 역시 급한 일이 있어 매매를 해야 할 경우 환금성이 떨어지는 단점이 있다.

그러나 부동산 대신 금융자산을 축적해 두었다면 얘기가 달라진다. 특히 연금의 경우 장기적으로 돈이 묶인다는 단점은 있지만, 투자한 기간만큼 오랫동안 안정적인 금융자산을 확보할 수 있다는 장점이 있다. 그리고 예나 지금이나 유동자산을 얼마나 갖고 있느냐에 따라서 그 사람의 포지션이 정해진다고 볼 때 유동자산, 즉 현금을 많이 갖고 있는 것이 삶의 질을 높일 수 있다.

부동산 자산이 아무리 많다고 해도 그것을 현금화할 수 없다면 삶의 질은 급격히 떨어질 수밖에 없다. 그러나 연금과 같은 현금자산을 보유한 사람은 그렇지 않다. 유럽의 경우 노부부들이 고급 레스토랑에서 맛난 음식을 먹으며 여유로운 삶을 즐기는 경우를 심심찮게 볼 수 있다. 그들이 이렇게 여유로운 삶을 즐길 수 있는 것은 은퇴를 대비하여 자기 수입의 50퍼센트씩을 연금으로 넣었기 때문이다.

연금에 좀 더 많은 금액을 투자한 유럽 노인들의 경우, 연금으로 한 달동안 여행을 갔다 오면 그 달 연금이 또 들어와 있다. 그래서 그 돈으로 또 여행을 갔다온다. 그러나 한국에서는 그런 노부부를 찾아보기 어렵다. 집을 담보로 300만 원 빌려서 여행을 가는 사람은 없기 때문이다. 이것이 모두 연금 등 금융자산에 대한 올바른 인식이 없는 데서 생겨나는 문제이다. 일례로 외국계 대기업에 다니며 월 1,500만 원 씩 월급을 받는 부부가 연금 보험에 매월 200만 원을 넣으면서 매우 많은 금액이라고 생각하는 경우가 있다. 그러나 자신의 수입 중 50퍼센트 이상을 연금에 넣는 유럽 사람들에 비하면 사실은 연금에 더 넣어야 옳다.

평균 수명이 늘어난 요즘 은퇴 후 적어도 25년 이상을 살아가야 한다고 생각해보면 자기 수입의 50퍼센트 정도를 연금에 넣는 것은 결코 무리한 투자가 아니다. 그럼에도 불구하고 사람들이 연금과 같은 금융자산에 관심을 갖지 않는 이유는 잘못된 투자 습관에 있다고 생각한다. 특히 우리나라 사람들은 한탕주의에 길들여져 있다. 매달 얼마씩 금융자산에 투자하여 미래를 생각하기 보다는 집을 몇 번 사고팔아 단숨에

두 배, 세 배의 이익을 남기는 것을 꿈꾼다. 그리고 실제로 최근 몇 년간 부동산 시장의 이상 급등현상 때문에 이러한 의식이 더욱 팽배하고 있다. 하지만 이는 잘못된 생각이다. 장기적으로 보면 부동산이라는 것은 늘 오르기만 하는 것이 아니라 내려가기도 하는 것을 알 수 있다. 멀리서 예를 찾을 것도 없이 우리의 이웃나라인 일본의 경우 이미 부동산 버블을 경험했다. 현재 도쿄의 부동산은 최고가일 때의 3분의 1 가격에 지나지 않는다.

자신만의 라이프 플래닝
— 연금 저축과 연금 보험을 활용해야

앞으로는 자신의 라이프 플래닝이 명확하지 않으면 고생하는 시대가 온다. 현재 아무리 돈을 잘 벌더라도 앞으로도 쭉 그러리라는 법은 없다. 오히려 지금 돈이 많은 것보다 은퇴 후 조금씩이나마 정기적인 수입이 들어오는 것이 훨씬 더 중요하다. 결국 가장 안정적으로 노후 수입을 보장 받을 수 있는 연금에 자신의 자산을 투자하는 것이 옳은 일이란 얘기이다. 특히 공적연금이 더 내고 덜 받는 쪽으로 가고 있는 오늘날의 현실로 볼 때 개인연금에 좀 더 많이 투자하는 것이 바람직하다. 개인연금의 장점은 언제 고갈될지 모르는 공적 연금과 달리 노후에 안정적인 수입을 보장받을 수 있다는 데 있다. 물론 사적연금도 운영을 잘못했을 경우 손실의 위험은 있으나 공적 연금에 비하면 그 위험성은 제로에 가깝다고 볼 수 있다.

사적 연금의 또 다른 장점은 45세부터 연금 전환이 가능하다는 점이다. 달리 말하면 노후가 45세부터 시작된다는 뜻이기도 하다. 은퇴 시기가 점점 빨라지는 오늘날의 현실에서 이만큼 매력적인 것은 없을 것이다. 45세부터 노후가 시작된다고 해서 삶이 시들어버린다는 얘기는 아니다. 오히려 45세부터 여유로운 삶을 즐길 수 있다는 얘기가 된다. 그러니 한시라도 젊을 때 연금에 투자하는 것이 언제 자신에게 닥칠지 모르는 은퇴와 노후를 대비하는 것이 될 수 있다.

이외에도 개인연금은 세금 혜택이 주어진다는 것에서 또 다른 매력을 찾을 수 있다. 개인연금은 크게 세제적격연금과 세제비적격연금으로 나누어진다. 세제적격연금은 급여가 연 5,500만 원 이상일 경우 연간불입액의 13.2퍼센트 400만 원 한도까지 연말정산 시 세액공제 혜택을 받을 수 있다. 급여가 연 5,500만 원 이하일 경우는 연간불입액의 16.5퍼센트 400만 원 한도까지 연말정산 시 세액공제 혜택을 받을 수 있다. 세제비적격연금은 연말정산 시 소득공제 혜택은 없으나 10년 이상 보유 시 이자배당소득세 15.4퍼센트의 비과세 혜택을 받을 수 있다.

일반적으로 세제적격연금을 연금저축이라고 부르고 세제비적격연금을 연금보험이라고 부른다. 그럼 둘 중에 어느 것이 유리할까? 이는 개개인의 상황에 따라 차이가 있다. 세제적격연금의 경우 연말정산 시 소득공제 혜택을 받을 수 있는 장점이 있는 반면에 나중에 연금수령 시 5.5퍼센트의 연금소득세가 원천징수 된다. 그리고 공적연금(국민연금, 퇴직연금)과 합산하여 연간 연금 수령액이 600만 원이 넘어가게 되면 종합소득세율을 적용받는다. 또한 소득공제용 연금 상품은 연금 이외의 목적으로 활용할 경우(일반적으로는 중도 해지) 기타소득세로 중과세되는 단점이 있다. 그러나 세제비적격연금의 경우 10년 이상 보유 시 이자배당소득세 15.4퍼센트가 비과세된다. 결국 단기간의 세제 혜택을 보느냐 아니면 나중에 좀 더 큰 세제 혜택을 보는가의 차이이므로 생활에 여유가 있는 사람은 연금보험을, 그렇지 않은 사람은 연금저축을 선택하는 것이 좋을 것이다.

어쨌든 중요한 것은 부동산과 같은 환금성이 떨어지는 종목에 투자하기보다는 노후를 확실히 보장받을 수 있는 연금에 투자하는 것이 현명한 투자란 것이다. 그럼에도 불구하고 아직도 연금에 투자하는 것을 망설이는 사람에게 이런 질문을 하고 싶다. 10억 짜리 집을 가졌으나 자식에게 손 벌리는 부모와 집은 없으나 매달 300만 원 씩 연금을 타며 손자들에게 용돈을 주는 부모 중 자식들은 어떤 부모를 더 원하는가?

주식, 여전히 위험한 투자

— 주식시장 1,000조, 펀드시장 300조의 시대

현재 가장 각광받는 재테크 수단을 알아보려면 서점으로 가는 것이 빠르다. 서점의 〈화제의 책〉 코너 중 경제 분야 쪽에 어떤 책이 진열 돼 있는가만 봐도 어떤 종목이 가장 뜨거운 이슈가 되고 있는지 알 수 있기 때문이다.

몇 년 전에는 부동산 투자에 관한 책이 그 자리를 차지했었고 그 이전에는 예금을 이용한 재테크 방법 등이 그 자리를 차지했다. 그리고 최근 몇 년 동안 〈화제의 책〉 코너를 굳건히 지키고 있는 분야는 다름 아닌 주식이다. 왕초보 주식투자에서부터 주식으로 성공한 사람들의 후일담, 주식 포트폴리오를 만들기 위한 조언서 및 가치분석, 테마주 분석 등 세분화된 주식 책이 언제인가부터 경제서 코너의 큰 부분을 차지하기 시작했고 그런 책을 집어 들며 대박의 꿈에 몰입 하는 사람들이 많아졌다.

분명, 시가 총액 1,000조를 넘어선 주식시장의 규모와 300조가 넘는 펀드 시장이 형성될 정도로 급격히 몸통이 불어난 주식 시장이 생각 외의 대박을 건져 올릴 수 있는 블루오션일 수도 있다. 그러나 남들이 모두 그 블루오션에서 대어를 건져 올린다고 해서 나도 그럴 것이라는 막연한 믿음으로 뛰어들어서는 큰일 난다. 남들에게 블루오션일지라도 나에게는 레드오션이 될 가능성이 늘 존재하는 것이 경제 시장, 특히 주식 시장이기 때문이다.

금리가 낮아지고 자금이 확정형 예금보다는 투자하여 수익을 얻는 투자 자산으로 옮겨가는 지금, 주식은 분명 투자의 시대에 가장 휘두르기 좋은 무기임은 틀림없다. 그리고 미국이나 영국이 과거에 겪어왔던 경험에 비추어 볼 때. 아직까지 투자 자산에 비해 예금 자산이 두 배 정도의 규모를 가지고 있고 주식형 펀드도 28퍼센트 정도의 수준에 머물고 있다는 사실은 앞으로 주식 시장이 더욱 커질 것이라는 점을 시사해준다.

그런데 이상한 점은 이렇게 시장이 점점 커지고 있고 주변을 둘러보면 주식을 하고 있는 사람은 흔하게 보이는데 수익을 낸 사람은 의외로 적다는 것이다. 솔직히 주식으로 집과 재산 다 날리고 쪽박 찼다는 이야기는 왕왕 들어도 주식으로 큰 부자가 되어 인생 역전했다는 이야기는 자서전이나 가끔 나오는 뉴스를 통해서 드물게 듣는다. 대체 그 이유가 무엇일까? 수만 가지 이유가 있겠지만 가장 큰 이유는 주식에 투자를 하는 주체가 바로 사람이기 때문일 것이다. 사람이기 때문에 했던 실수를 또 하고, 사람이기 때문에 소문과 분위기에 휩쓸릴 수밖에 없다는 말이다.

테마주라는 이야기는 주식을 하든, 하지 않든 누구나 한번은 들어

보았을 것이다. 현재 가장 이슈가 되고 있는 분야의 주식들이 하나의 테마로 묶여 동반 상승을 하는 경우가 종종 있는데 이러한 주식들을 테마주라고 한다. 예를 들어 대체에너지를 주로 하는 어떤 기업의 주식이 수직 상승을 하면 사업 분야에 대체에너지라는 단어만 달고 있어도 그 회사의 주식을 사는 것 같은 행위이다. 한때 주식 시장을 휩쓸었던 바이오주가 대표적인 테마주의 한 형태이다.

이러한 테마주의 형성은 어떻게 보면 시장의 합리적인 흐름에 기인한 결과물이 아니라 그 시장을 만들고 이끌어가는 주체가 사람이기 때문에 생긴 것일 수도 있다. 왜냐하면 사람이라는 동물은 참 약해서 몇 번의 실패를 거듭해도 시장이 움직이는 것 같으면 과거의 잘못을 잊고 또 뛰어들기 때문이다. 그러다 후회하고, 실패를 해도 조금만 지나면 또 까맣게 잊고, 혹은 이번엔 괜찮을 거라며 같은 실수를 몇 번씩 반복하게 된다. 주식에 전 재산을 털어 넣는다거나 한 회사에 모든 자금을 다 투자하는 소위 '몰빵' 같은 행위가 그래서 발생하는 것이다. 이렇게 해서 정말 '대박'이 터져주면 바랄 것이 없지만 문제는 대부분 이런 경우 큰 손실을 낸다는 것이다.

욕심과 과욕을 경계하라

— 장세를 전망하는 학습이 필요

자신이 성실히 공부하고 분석해서 소신을 가지고 신중하게 투자한 주식이 아니라 '남들이 사니까, 이슈가 되니 혹시나 해서', 혹은 주식 시장을 움직이는 작전 세력들이 붙었다는 루머에 의해 주식 투자를 하게 되면 그 결과는 불행히도 백전백패일 수밖에 없다. 물론 당장 몇 배씩 오른다는 루머를 듣고 또 실제로 조금씩 오르는 것이 차트로 보이면 사람인지라 욕심이 발동하게 된다. 이 욕심이 문제이다. 일단 욕심이 생기면 여유 자금이 아니라 빚을 내서 투자를 하게 되기 때문이다. 즉 포트폴리오를 짜서 분산 투자를 하는 것이 아니라 욕심과 소문에 의해 움직이기 때문에 위험하다.

그렇다고 해서 가치 있는 기업을 선정해서 장기적으로 하는 투자가 옳다는 것은 아니다. 십년, 이십년 뒤를 내다보고 지금은 에이전트도 별로 없고 사업 규모도 크지 않지만 지금의 삼성이나 포스코, SK같은 기업이 될 것이라는 확실한 믿음이 있다면 장기적으로 투자를 해도 좋다. 하지만 저평가되어 있는 '장래가 유망한 우량 기업'을 찾아내는 것은 쉽지 않을 뿐더러, 너무나 빠르게 변하는 세계정세와 기술 발전으로 인해 각종 하이테크 산업의 교체 주기가 빨라져서 그 타이밍을 맞추어 주식을 투자하고 수익을 얻기가 쉽지는 않다. 거시경제의 변수 뿐 아니라 시중 자금의 동향, 투자 심리 등에 어느 정도의 공부는 필요할 뿐 아니라 장세를 전망하는 예측능력도 필요하기 때문이다. 물론 하루 종일 주식프로그램을 들여다보며 분석하고 저점에서 매수했다가 고점에서 매도하면서 순간적으로 높은 수익률을 얻을 가능성은 분명히 존재한다. 주식이라는 것이 단기 투자의 방법 중 하나로 확실한 믿음과 정보에 의해 움직였을 때 간접 투자보다는 빠르게 수익을 주지만 확실한 것은 그만큼 리스크도 크다는 것이다.

그렇다면 과연 주식을 하라는 것인지 말라는 것인지에 대한 고민에 봉착하게 된다. 주식은 분명 빠르게 수익을 얻을 수 있는 좋은 경제 도구이다. 하지만 남들이 다 하니까 나도 한다는 가벼운 마음으로 시도할 것이 아닌 단기 투자와 장기 투자 종목을 나누어서 자신의 총 자산 중 몇 퍼센트까지만 분배하겠다는 기준을 세워놓고 투자 하는 것이 바람직하다. 만약 자신이 없다면 펀드 등을 통해 전문가의 도움을 받는 것도 좋다. 전문가의 시각과 움직임을 보며 공부하고 그들의 포트폴리오를 기준으로 해서 나만의 포트폴리오를 짜보는 것도 좋은 공부가 되기 때문이다.

주식을 통해 짧은 시간동안 큰 수익을 냈다고 해서 자금을 모두 몰아서 투자하는 것만큼 위험한 발상은 없다. 잊지 말아야 할 것은 정도를 지키는 것이다. 모든 일이 그렇지만 주식은 더더욱 그렇다. 충실한 공부와 과감한 판단, 신중한 투자와 투자의 한계를 넘지 않는 인내심이 주식 투자의 가장 중요한 덕목임을 잊지 말아야 한다. 특히 주식 투자에 있어서 인내심은 정말 중요하다. 가능성을 보고 확실하다 판단했으면 잊다시피 하고 묻어두는 인내심이 사실은 주식 투자의 가장 중요한 포인트일 수도 있다. 남들보다 3일 늦게 사고 3일 늦게 팔면 적어도 손해는 나지 않는다는 말은 지나치게 소문과 흐름에 민감하게 반응해서 후다닥 올인하고 후다닥 팔아버리는 것에 익숙한 많은 주식 투자자들이 깊이 새겨들어야 할 이야기다. 동트기 전이 가장 어둡다거나 소문에 사고 뉴스에 팔라던가 하는 일종의 주식에 관한 격언들은 지금껏 주식 시장에서 손해, 이익을 넘나들었던 많은 사람들의 경험이 말해주는 생생한 팁임과 동시에 '신중한 투자와 인내심'이라는 기본 규칙을 견고히 다져주는 말이기도 하다.

분명 모든 투자는 수익을 목적으로 한다. 그리고 주식은 그런 수익을 내기 위한 수단으로 대단히 훌륭하다. 다만 무기가 훌륭하면 그 무기를 보관할 때도 신중해야 하고 무기를 꺼내드는 순간도 잘 판단해야 하며 무기를 휘두를 때도 시기적절해야 하듯 주식도 마찬 가지임을 잊지 말아야 한다. 그리고 주식이 유일한 투자 수단이 되어서는 안 된다는 점도 간과해서는 안 된다. 주식은 투자 수단의 한 방법이고 일부는 될 수 있지만 주식 투자만으로 모든 자금을 운용하겠다는 어리석은 생각은 버려야 한다. 아무리 수익률이 좋아도 총 여유 자금의 의미에서의 '즐거운 투자'가 될 수 있도록 해야 한다.

┃특강 5┃ 돈으로 살 수 없는 것을 미리 준비하는 것도 투자다

건강만한 투자도 없다

— 운동과 소박하고 단촐한 식단이 건강비결

이런 얘기가 있다. 어떤 노인이 너무 나이 들고 병들어 누군가의 수발을 받아야만 생활이 될 지경에 이르렀다. 자식과 손주들까지 열 명 남짓한 자손들이 있었지만 특별한 효자 효손들도 아니었기에 자기를 잘 돌보아 줄 것인지에 대해 노인은 곰곰 생각에 빠졌다. 그리고는 한 가지 결정을 내렸다.

목욕은 5만 원, 대변을 치워주는 것은 3만 원, 소변은 2만 원, 두 시간 말벗은 1만 원. 이렇게 가격을 책정하고 전 재산을 모두 현금으로 만들어서 침대 밑에 깔고 누워 버렸다. 누구든 와서 자기를 돌보아주면 그 대가로 즉시 현금을 지불하기로 한 것이다.

이 노인의 말년은 어떠했을까? 비록 돈 때문이기는 하지만 노인은 누구보다 세심한 보살핌과 관심, 북적이는 자손들 사이에서 편안하게 죽음을 맞이했다. 자손들이 서로 노인을 돌보기 위해 경쟁했기 때문이다.

어떻게 보면 쓸쓸한 이야기지만 또 다른 관점에서 보면 이 노인만큼 말년 재테크를 기막히게 한 사람도 없다는 생각이 든다. 요즘 같은 핵가족 시대, 바쁜 시대에 죽음을 앞둔 사람 중 그 누가 이토록 세심한 가족들의 보살핌을 받을 수 있을까? 돈의 힘이라고 볼 수도 있지만 이 이야기의 요점은 돈이 아니라 엄연히 노인의 뛰어난 '재테크 수단'에 있다. 만약 그 노인이 깔고 누운 것이 현금 다발이 아니라 번듯한 집 한 채였다면 과연 자손들이 노인을 지극 정성으로 봉양했을까? 아마 얼른 돌아가셔서 그 집을 현금으로 바꿀 수 있기 만을 기다렸을지도 모른다. 같은 자산이라도 그 형태에 따라 노후가 달라진다는 큰 교훈을 얻을 수 있다.

나이가 들수록 재산, 엄밀하게 말하면 현금은 그 자체로 힘이고 권력이며 든든한 배경이다. 부동산이 아무리 많아도 그건 재산일 뿐 내 손에서 맘껏 주무를 수 있는 무기가 되어 주지는 못한다. 오히려 자손들이 많다면 그 부동산은 각종 세금과 분배 문제를 야기시켜서 사후 골칫거리가 될 가능성이 더 크다. 하지만 현금만 있다고 해서 노후가 편한 것은 아니다. 돈이 아무리 많아도 앞에서 예로 든 노인처럼 쓰게 된다면 그것 또한 불행한 일이다. 즉, 제대로 된 노후의 여유로운 생활을 누리려면 돈으로 살 수 없는 그 어떤 것들에 대한 투자도 이루어져야 한다는 얘기다. 돈으로 살 수 없는 것. 가장 대표적인 것이 바로 건강이다. 천하를 호령하는 영웅호걸들도 결국은 건강 악화로 쓰러지는 경우가 많다. 초원을 지배하는 사자도 몸속의 해충을 이기지 못하고 쓰러지듯 돈이 아무리 많아도 건강을 잃으면 모두 잃는 것이다. 때문에 풍요로운 노후를 위해 자금만 악착같이 모을 것이 아니라 건강을 챙기는 노력도 겸해야 한다.

이를 위해 따로 운동을 하거나 건강식품을 챙겨 먹는 등의 자기 몸에 대한 배려를 아끼지 않는 태도도 필요하지만 사실 가장 중요한 것은 평소 생활 속에서 건강을 챙기는 것이다. 숨을 쉴 때, 샤워를 할 때, 물을 마실 때, 식당에서 메뉴를 고를 때, 잠을 잘 때, 걸을 때, 대중교통을 이용할 때, 혹은 자가용을 탈 때 조금씩만 신경을 쓰면 충분히 건강을 살피며 살아가는 것이 가능하다.

예를 들어 숨을 쉴 때 아무 생각 없이 헉헉 들이쉬고 내쉬는 것이 아니라 천천히 숨을 조절하는 느낌으로 복식호흡을 생활화한다던가, 샤워를 할 때 대충 몸을 문지르는 것이 아니라 가볍게 경락과 혈을 훑어 준다던가, 벌컥벌컥 들이키는 대신 입 안에서 한번 굴려 씹어 삼키는 방식으로 물을 마신다던가 하는 사소한 변화 말이다. 가까운 거리는 걷고, 버스에서는 뒤꿈치를 들었다 났다 하며 서서 가고, 운전을 하다 신호에 걸리면 가볍게 목과 어깨를 스트레칭 해주고, 식당에서 메뉴를 고르더라도 저지방, 고단백, 저염식을 고르고, 잠들기 전의 가벼운 체조처럼 결코 많은 시간을 빼앗지는 않지만 분명 차곡차곡 쌓일 때 건강에 큰 도움을 주는 운동을 하는 것이다. 그리고 현대인들이 겪는 대부분의 질병이 지나치게 좋은 영양 상태에서 기인한 생활 습관병인 메타볼릭 신드롬인 것을 감안할 때 조금 거친 음식, 소박한 밥상과 단출한 식단을 꾸준히 고수하는 것도 도움이 될 것이다.

스트레스는 즉시 풀어라

— 노후에도 충분히 즐길 수 있는 취미가 필요

쌓이는 스트레스를 좋은 방법으로 해소하며 사는 것도 중요하다. 사실 우리는 알게 모르게 많은 스트레스를 받으며 살고 있다. 아무리 마음을 편안하게 가지려고 해도 일상생활에서 오는 스트레스의 양은 만만치 않다. 그리고 이렇게 차곡차곡 쌓인 스트레스는 어느 날 갑자기 큰 질병으로 우리 앞에 나타난다. 적절한 취미 생활을 통해 스트레스를 풀어주는 것이 좋은데 될 수 있으면 일을 그만 둔 후, 노후에도 충분히 즐길 수 있는 취미를 하나씩 가져 볼 것을 권한다.

사실, 일에 열중하다보면 집은 잠자는 곳으로 전락할 때가 많다. 그리고 그런 사람들은 일을 그만 둔 후 남아도는 시간을 대체 어떻게 소비해야 할지 몰라 공황 상태에 빠지는 경우가 종종 발생한다. 집에 멍하게 있는 시간을 견디지 못한다. 그렇다고 밖으로 나가면 더 당황하게 된다. 얼마 전까지 가장 바빴던 시간에 이제는 가장 한가한 모습으로 바쁘게 움직이는 타인을 멍하게 보고 있는 자신을 발견하게 되기 때문이다.

이 시간을 이겨내지 못할 경우 가볍게는 개인적인 우울증에서부터 크게는 가족 간의 갈등까지 발생하게 된다. 이때 젊은 시절부터 익혀온 취미가 있으면 더없이 유용할 것이다. 만약 아직 체력과 의지가 충만하다면 그 취미를 살려 또 다른 일을 할 수도 있다. 젊은 시절부터 골프 등의 운동에 매진해 왔다면 아예 이참에 골프 강사 자격증을 따도 좋고, 꽃꽂이나 뜨개질 등의 취미가 있다. 그런 것들을 가르치는 선생님도 충분히 가능하다. 꼭 어느 단체나 학원에 나가서 가르치는 것 뿐 아니라 동네 사람들을 모아 놓고 친목을 도모하며 모임을 이끌어도 좋다. 나이 들수록 귀찮아지는 것도 사람이지만, 그리워지는 것도 '말벗'이다. 그런 재주들로 봉사를 다녀도 좋고, 혼자 즐겨도 좋다. 중요한 것은 내게 주어진 갑작스런 시간들을 당황하지 않고 소비할 수 있는 무언가가 내게 있다는 것이다. 아무 것도 하지 않고 멍하게 텔레비전만 보는 노후를 원하는 것이 아니라면 지금이라도 오래 가지고 갈 수 있는 취미를 하나 만들어 보는 것이 어떨까?

만약 이런 취미로 얻는 소소한 재미보다는 그래도 일을 하고 싶다는 열망이 강하다면 또 다른 일자리를 미리 준비하는 것도 좋다. 사실 천성적으로 일을 하는 것을 좋아하는 사람들은 취미나 운동으로 노후를 보내는 것을 답답해하는 경우도 있다. 만약 자기가 그런 타입이라고 판단이 되면 은퇴 후 제2의 직업을 미리미리 준비하는 것도 중요하다.

단순히 노인으로 늙어가는 것이 아니라 사회에 공헌을 하고, 적게나마 돈을 번다는 것을 중요하게 생각한다면 젊은 시절부터 여러 모로 알아보자. 보통은 창업을 생각하지만 사실, 은퇴 후 창업을 한다는 것은 상당히 위험하다. 자칫 잘못하면 노후 자금을 모두 날릴 가능성이 다분히 존재하는데다 경험 없이 뛰어든 사업에서 낭패를 보기가 쉽기 때문이다. 때문에 은퇴 후에 다시 일을 준비할 때는 본인이 잘 아는 분야, 초기 자금이 많이 투입되지 않고 초반 1, 2년은 노후 자금 외의 여윳돈으로 어느 정도 투자가 가능한 수준이 좋다. 이러한 일들은 대부분 큰 수익을 얻기가 어렵지만 대신 일을 하고 있다는 성취감을 준다는 점에서 취미 생활과는 확연히 다른 차이점을 보인다.

사실 노후 생활의 대부분은 자금력이 좌우한다. 하지만 자금이 비슷 하다는 전제 하에 그 생활의 질을 좌우하는 것은 자금 외의 것이고, 이 자금 외의 것이 어떨 때는 자금보다 훨씬 중요한 부분을 차지하기도 한 다. 무엇보다 중요한 것은 균형 있는 준비이다. 자금에 대한 준비 없이 흥청망청 즐기기만 하고 사는 것이나, '돈돈돈' 하면서 삶의 질을 생각하 지 않고 사는 것을 피해야 한다. 돈과 생활의 질에 대한 균형 있는 준비 는 보다 온전하고 편안한 노후 생활을 위해 꼭 필요한 두 개의 기둥임을 잊지 말자. 세상에는 돈으로 미처 마련할 수 없는 중요한 것들이 항상 존 재하게 마련이다. 어찌 보면 그러한 곳에 시간을 투자하는 것이야말로 인생에서 가장 중요한 투자라고 할 수 있을 것이다.

절대 긍정
NEVER SAY NEVER

초판 1쇄 인쇄 2018년 8월 3일
초판 1쇄 발행 2018년 8월 10일

지은이   김성환
발행인   김승호
펴낸곳   스노우폭스북스
편집인   서진

진행   한지연, 이현진
마케팅   김정현, 박솔지, 이민우

디자인   강희연
제작   김경호

주소   경기도 파주시 문발로 165, 3F
대표번호   031-927-9965
팩스   070-7589-0721
전자우편   edit@sfbooks.co.kr
출판신고   2015년 8월 7일 제406-2015-000159

ISBN 979-11-88331-37-6
값 15,000원